新思维·新视点·新力量

设计丛书

寓教于美

新时代高校辅导员"以美育人"实践路径研究

谭 蔚 / 著

U0313960

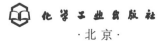

化学工业出版社

·北京·

内容简介

本书根据国家对高校美育工作的要求，结合辅导员实际工作经验，从美育教育的立意、美育教育的内容、美育教育的形式、实施美育教育的主体、美育教育的受众和美育教育的媒介素养六个方面，深入探讨了提升辅导员美育教育有效性的方法和路径。通过实施有高度、有厚度、有广度、有信度、有温度、有效度的美育，让思政教育内容之水，经由美育教育之渠，流入大学生心灵之田，希望能够对广大辅导员同仁开展美育工作有所帮助。

本书既可作为高等学校专业教师与辅导员从事美育教育与研究的参考，还可作为高校青年学生开展美育活动的指南。

湖北文化创意产业化设计研究中心开放基金资助

图书在版编目（CIP）数据

寓教于美：新时代高校辅导员"以美育人"实践路径研究/谭蔚著. —北京：化学工业出版社，2023.10
ISBN 978-7-122-43960-4

Ⅰ.①寓… Ⅱ.①谭… Ⅲ.①高等学校-辅导员-工作-研究 Ⅳ.①G645.1

中国国家版本馆CIP数据核字（2023）第149562号

责任编辑：李彦玲　　　　　　　　　　文字编辑：谢晓馨　　陈小滔
责任校对：刘　一　　　　　　　　　　装帧设计：王晓宇

出版发行：化学工业出版社（北京市东城区青年湖南街13号　邮政编码100011）
印　　装：北京盛通数码印刷有限公司
710mm×1000mm　1/16　印张11¼　字数192千字　　2023年11月北京第1版第1次印刷

购书咨询：010-64518888　　　　　　　　售后服务：010-64518899
网　　址：http://www.cip.com.cn
凡购买本书，如有缺损质量问题，本社销售中心负责调换。

定　　价：55.00元　　　　　　　　　　　　　　　　版权所有　违者必究

　　"五育并举"（德智体美劳全面发展）是落实党的教育方针、推动人的全面发展的重要指导理念。美育教育是现代教育不可或缺的一环。辅导员是实施大学生思想政治教育的骨干力量，也是工作在美育教育第一线的人。只有不断优化教育的路径和载体，才能不断推动大学生思想政治教育落到实处，产生实效。美育，以其独特的内容和形式，能充当辅导员全面贯彻落实"立德树人"这一教育的根本任务，是提升大学生思想政治教育实效性的最具艺术性、最生动、最具潜移默化的影响力的载体。

　　2019年教育部印发的《关于切实加强新时代高等学校美育工作的意见》指出："以习近平新时代中国特色社会主义思想为指导，全面贯彻党的教育方针，坚持马克思主义指导地位，坚持中国特色社会主义教育发展道路，坚持社会主义办学方向，坚持明德引领风尚，落实立德树人根本任务，引领学生树立正确的审美观念、陶冶高尚的道德情操、塑造美好心灵，切实改变高校美育的薄弱现状，遵循美育特点，弘扬中华美育精神，以美育人、以美化人、以美培元，培养德智体美劳全面发展的社会主义建设者和接班人。"文件确立和强化了美育的育人功能，为高校辅导员寓教于美提供了有力支撑。

　　寓教于美，对于高校辅导员来讲，是将思想政治教育内容之水，经由美育教育之渠，流入大学生心灵之田。基于此，辅导员实施什么样的美育、怎样实施美育、美育教育的效果如何，直接影响着大学生思想政治教育的成效。

　　从十八届三中全会首次对美育作出重要部署开始，国家层面陆续出台了美育教育相关政策、文件。不论是2015年国务院印发的《关于全面加强和改进学校美育工作的意见》，还是2018年召开的全国教育大会指出的"培养德智体美劳全面发展的社会主义建设者和接班人"，或是2019年教育部出台的《关于切实加强新时代高等学校美育工作的意见》，再或是2020年教育部颁布的《关于全面加强和改进新时代学校美育工作的意见》，都为新时代各学段开展美育提供了方向指引与路径指导。但当前，对于辅导员群体以美育人的有效路径，学界还缺乏系统、深入的研究。

本书从美育教育的立意、美育教育的内容、美育教育的形式、实施美育教育的主体、美育教育的受众和美育教育的媒介素养六大方面系统探讨了高校辅导员实施美育教育的有效路径。对辅导员实施美育教育的背景、存在的优势、面临的困难及国家相关政策规定等进行了梳理，进一步厘清了美育与思想政治教育的关系，整理出高校辅导员寓教于美的思路与方法，以期抛砖引玉，带动更多的优秀同行共同参与到对辅导员美育教育之路的研究中来，共同为国家培养出更多德智体美劳全面发展的社会主义现代化合格建设者与可靠接班人。

值此书稿完成之际，我要感谢我所工作的学校——湖北工业大学，为我提供了宽松自由的研究氛围；要感谢湖北工业大学学生工作部，为辅导员们提供了成长发展相关的支持与帮助，提供了平台使我们在日常工作的基础上深入思考研究方向并开展实践；要感谢我所在的艺术设计学院，其深厚的艺术积淀、浓厚的艺术氛围、丰富的艺术资源，为我开展美育教育研究与实践提供了肥沃的土壤；还要感谢我所参考、引用的文献作者，是他们使我能够站在巨人的肩膀上拥有更开阔的研究视野与思路。我还要向所有关心、帮助、指导过我的领导、同事和朋友们表示衷心的感谢，他们在我迷茫时给我启发，在我无助时给我鼓励，在我缺乏资源时给我无私的帮助。最后，我要特别感谢我的家人们。我的婆婆和妈妈，她们不仅为我营造了和谐的家庭氛围，还默默承担几乎所有的家务，让我有较多的可支配时间理清研究思路并撰写书稿。感谢我的爱人杜平高先生，他不仅在我因撰写书稿而感到焦虑时给予我无限的爱与包容，还能用缜密的思维帮我理清逻辑。最后，我要感谢我的儿子，杜以牧小朋友，他乖巧可爱，总能用一个拥抱驱散我所有的疲劳，让我得以在家的温暖中充电续航。

编者
2023年5月

目录

第三 / 章

增强社会连接，实施有广度的美育

第六／章

培育媒介素养，实施有效度的美育

第一／章

胸怀国之大者，
实施有高度的美育

第一节 美育观

一、
马克思主义美育观

马克思主义美育观就是要使人按照美的规律来认识和改造主客观世界，并在美的对象中肯定自己作为人的类本质，从而实现人的自由而全面的发展。

虽然马克思与恩格斯没有专门论述美育的著作，但是美育的思想却无形地贯穿在他们的思想体系中。马克思主义美育观的理论基础包括以下三个方面：一是对美的本质的探索，二是美对人的全面发展的作用，三是劳动创造美。之后，经过继承者们的不断建构与发展，逐步形成了马克思主义美育观。

马克思主义美育观的第一要义是促进人自由而全面地发展。在马克思看来，美育是实现人的自由而全面的发展过程中不可或缺的重要促进因素之一，艺术的美感教育对促进人自由而全面的发展具有不可替代的作用，使人的发展变得丰富、深刻而全面。另一方面，马克思主义美育观强调劳动是创造美的前提，且只有通过劳动创造了美，才能更深刻地欣赏美，揭示了人在生产劳动过程中鉴赏美、传播美、创造美的本质。此外，马克思主义美育观要求人们用历史的、辩证的、发展的眼光看待美育，坚持美育与时俱进。美育应该融入社会各个领域，并结合时代特点，在各领域之间发挥协调、促进、润滑作用。

二、
中国特色社会主义美育观

鉴于马克思主义美育观的开放性与不断发展性，在不断与新的美育实践结合的过程中，马克思主义美育观不断地自我验证、丰富、完善，进而用于指导新的美育实践。

坚持开放性与发展性的马克思主义美育观与中国革命、建设、改革的具体实践相结合的过程，就是马克思主义美育观中国化的过程，其成果就是中国化的马克思主义美育观。革命时期、社会主义建设时期、改革开放时期、党的十八大以来，马克思主义美育观与不同时期的生动实践相结合的过程，凸显了中国特色社会主义美育的实践价值。

新民主主义革命时期，毛泽东在延安文艺座谈会上提出"为人民服务"，确立了文艺工作为人民大众服务的方向，将马克思主义基本原理与中国具体实际相结合，创造性地阐释了文艺与人民、文艺与时代等一系列重大问题。社会主义建设时期，邓小平提出美育应该肩负培养社会主义新人的使命。党的十八大以来，习近平总书记多次强调了美育为民的思想，指出只有坚持以人民为中心的创作导向，才能在服务人民、造福人民中繁荣发展社会主义文艺，发挥文艺的美育功能。这是马克思主义美育观中国化的最新理论成果，也是马克思主义美育观"以人为本"在新时代的生动阐释。

国之大者，就是事关党和国家前途命运、事关中华民族伟大复兴、事关人民幸福安康、事关社会长治久安的大事。对"国之大者"心中有数，就是要始终保持同人民群众想在一起、干在一起，敢担当、善作为，让老百姓的日子越过越好、越过越幸福。美育的"国之大者"就是要坚持美育以人民美好生活为使命。

如果每一个公民都拥有发现美的眼睛，拥有健康完善的人格、有情趣的生活和更高的精神境界，那将不仅是个人之福，也是国家之幸。在物资供应日益丰沛、精神问题愈加凸显的当代社会，审美能力显得尤为重要甚至不可替代。对个人来说，审美能力关系到我们每个人感受生活的能力。生活中不缺少美，只是缺少发现美的眼睛。纵使生活在同一个世界，但由于对美的理解不同，看待世界的角度不同，我们的感受也会不同。美育价值追求之一就是要回应人民对美好生活的期待，为人民追求美好生活赋能。

源于人民、为了人民、属于人民是社会主义文艺的根本立场，也是社会主义文艺繁荣发展的动力所在。实践充分证明，只有坚持文艺为了人民，以人民为中心，为人民创作，才能有不竭的创作灵感和永远鲜活生动的艺术题材，才能创作出真正的经典，满足人民群众真实的精神文化需求。

一、
国之大者于教育

近年来，国家美育方针政策不断升级，揭示出对美育工作日趋重视的发展态势。2013年，党的十八届三中全会提出了改进美育教学，提高学生审美和人文素养的要求。2015年，国务院印发了《关于全面加强和改进学校美育工作的意见》，其系第一个国家层面加强美育工作的文件。文件从指导思想、基本原则、总体目标、课程体系、教育教学、资源统筹、条件保障等方面对美育工作进行了全面部署。

2018年召开的全国教育大会旗帜鲜明地提出，我国教育的根本任务是培养全面发展的社会主义建设者和接班人。对标全国教育大会要求和《关于全面加强和改进学校美育工作的意见》，亟须对高校美育工作再认识、再深化。在此背景下，2019年《关于切实加强新时代高等学校美育工作的意见》出台，不仅从意识形态的高度肯定了美育的重要性，更从重点任务、主要举措和组织保障等方面进一步强化了高校美育的落实机制建设，彰显了落实高校美育工作的重要性和紧迫性。2020年，教育部颁布了《关于全面加强和改进新时代学校美育工作的意见》，措施更细、更实、更有力度，彰显了国家全面落实美育工作的决心，进一步强化了美育的意识形态属性，凸显了美育的育人功能，是新时代各学段开展美育的纲领性文件。

美是纯洁道德、丰富精神的重要源泉。美育既是当代教育的重要组成部分，同时也是整个教育链条上的薄弱环节。美育不足，会严重影响学生的全面发展。一方面，高校美育促进提升学生的审美能力、人文素养；另一方面，由于高校是人才资源、科学技术生产力及创新动力三者的交叉结合点，高校美育直接关系到"培养什么人、为谁培养人、怎样培养人"这一教育的根本问题，高校美育的成效直接影响到立德树人的成效。高校美育肩负着培养德智体美劳全面发展的社会主义合格建设者和可靠接班人的重要使命，也将凭借其独特优势发挥不可替代的作用。

近年来，在经济高速发展的背景下，文艺无限度地追逐物质享受的过度娱乐化，导致消费主义、享乐主义、利己主义、物质主义横行。以往坚持的"政治标准与艺术标准"被搁置，艺术净化心灵、陶冶情操、为国为民的社会责任感和情怀被边缘化，经济效益大摇大摆地走到社会历史的前台，成为文艺活动的"唯一"驱动力。在这样的社会背景下，高校学生的价值观、人生观、世界观难免受到影响。当今中国比以往任何时候都更接近中华民族伟大复兴的目标，当今中国青年比以往任何时代的青年都离实现中华民族伟大复兴更近，在历史的关键节点，如何重振文艺激扬正气、凝聚人心、引领价值的作用，培养德、智、体、美、劳全面发展的社会主义建设者和接班人，为实现中华民族伟大复兴的中国梦贡献力量，是高校美育的拎手任务与扛肩责任。

二、
国之大者于辅导员

一个国家的教育水平是其综合国力的基础与重要标志。教育强则国强，在两个一百年历史的交汇点，我们对高等教育的需要、对卓越人才的需求比以往任何时候都更为强烈。在实现中华民族伟大复兴的中国梦的征途上，教育起着关键作用。我们应该办什么样的高等教育？在独特的文化、历史和国情背景下，我国必须走中国特色社会主义高等教育发展道路，办中国特色社会主义高校，培养中国特色社会主义事业的合格建设者与可靠接班人。

辅导员是开展大学生思想政治教育的骨干力量，是高校开展日常思想政治教育和管理工作的组织者、实施者和指导者。2017年，教育部第43号令《普通高等学校辅导员队伍建设规定》明确要求，辅导员要引导学生正确认识世界和中国发展大势、正确认识中国特色和国际比较、正确认识时代责任和历史使命、正确认识远大抱负和脚踏实地。四个"正确认识"概括出了辅导员开展思想政治教育的总要求，也勾勒出了高校辅导员所肩负的为党育人、为国育才的历史使命。面对新时代国家对高校人才培养的方向与质量要求，辅导员作为高校思想政治教育工作队伍的骨干力量，发挥着思想教育与价值引领的重要作用，其一言一行都对大学生的成长成才起着重要作用。

高校辅导员肩负着对大学生进行思想教育与价值引领的重任，如何找到适合的方法开展大学生思想政治教育，从而更好地将育人重任落到实处，是回应国家对高校思想政治教育关切的关键所在与核心议题。美育既肩负着与思政教育一致的育人使命，同时又有其独特的育人优势，这打通了美育融入思想政治教育的逻辑理路。

美育不仅仅是指传授艺术知识与技能的教育，更应该是一种贯穿于整个教育教学过程中，渗透在全部教育教学活动中的教育理念和教育艺术。美育之于高校思想政治教育有着独特的优势。一是美育有助于激发大学生思想政治教育的活力。大学思政课程抬头率低、思政活动参与度低，是当前大学生思政教育难以突破的瓶颈。思政课程与活动的内容和形式没有紧跟时代的步伐，没有抓住青年学生的审美，难以引起青年学生的共鸣，从而导致学生对思政教育的硬参与有余而软接受不足。以美育作为大学生思政教育的载体，寓思政教育于美的形式，用学生喜闻乐见的方式，有助于改变思政教育缺乏生气的状态，激发思政教育的内在活力。二是美育有利于提升大学生思想政治教育的亲和力。

三是美育有利于增强大学生思想政治教育的实效性。四是美育有利于构建大学生思想政治教育的校园文化氛围与环境。

三、
辅导员实施有高度的美育的具体路径

高校美育教育的高度体现在三个方面：一是美育具有鲜明的意识形态属性；二是美育应促进大学生的全面发展；三是美育应服务于国家发展与人民幸福生活。

美还是不美，本质上是一个价值判断。不同的价值主体，基于不同的判断标准，就会产生不同的审美判断。高校培养的是社会主义合格建设者与可靠接班人，从这个高度来看，高校美育不仅要教会学生认识美、鉴赏美、体验美、创造美，更要回答好"培养什么人、怎样培养人、为谁培养人"这一根本问题。新时代的美育教育要坚持意识形态属性，坚持以立德树人为引领，用正义健康、积极向上的内容作为美育教育的内容，用正确的世界观、人生观与价值观建构和涵养健康、积极的审美观，把培育和践行社会主义核心价值观融入美育的全过程，让新时代的高校美育体现新高度、彰显正能量。

（一）美育促进大学生的全面发展

当今社会大力提倡美育，是想让美育在人的全面发展中发挥应有的功能。从心理学的角度，人的心理功能被划分为知、情、意三个方面，其中情感方面主要通过审美来得以充实。美育通过审美活动陶冶人的性情，是促进人的全面发展的不可或缺的组成部分。正如德裔美籍哲学家和社会理论家赫伯特·马尔库塞曾批判现代工业社会将人变成了"单向度的人"，重复的枯燥的工业体系使人失去了生活的乐趣与创造力。当今社会，在生活节奏紧张、高度重视智育的氛围下，人的精神感到前所未有的压力。人的精神世界需要从现实世界中解放出来，心灵的压力与焦虑需要得到疏解，创造力需要被激活。美育，正可以提高人的审美能力，使人获得美的熏陶，使人的精神得到升华，从而使人得到全面发展。没有美育，学生的全面发展无从谈起。学校美育对于全面落实立德树人根本任务，培养德智体美劳全面发展的社会主义建设者和接班人具有重要作用与独特优势。

在物质条件不断丰富的今天，拜金主义、虚无主义冲击着优秀传统文化观念，消磨着人的精神品位，人们的精神越发缺少一个真正自由美好的可栖之地。美育的根本目的是使人成为"生活的艺术家"。所谓"生活的艺术家"，就是以审美的态度、艺术的态度对待生活、自然、社会、自身、他人，这样的人就是"生活的艺术家"。美育与时代的生产力水平和社会条件有关，在中华民族从站起来、到富起来、走向强起来的过程中，不能仅有经济的复兴，必须还有文化的复兴。审美存在于人们的衣食住行用中，在人们生活的方方面面美育的作用都不可或缺。从城市规划、建筑设计到美丽乡村建设，都需要美育的创造助力。此外，当全社会都开始重视审美的价值时，才能不断增进美的修养，激励美的创造，厚植美的情怀，在全社会范围内形成崇真、向善、求美的氛围，使中华民族以更美的姿态迈向强起来，铸造持久而坚定的文化自信。

（二）美育助力思政课堂活起来

《普通高等学校辅导员队伍建设规定》明确规定了辅导员的主要工作职责之一是思想理论教育和价值引领。党和国家系列重要讲话精神和治国理政新理念新思想新战略、中国特色社会主义宣传教育、社会主义核心价值观教育、中国梦主题宣传教育都是思想理论教育和价值引领的重要内容。传统思政教育的方式偏向于"刚性"要求，缺乏"柔性"的浸润式教育，忽视了大学生的特点和心理特征，不能有效激发学生的学习兴趣和对问题的思考。思想政治教育的本质是讲道理，辅导员开展思想理论教育与价值引领的主渠道是思政课堂。传统的思政课堂抬头率低，参与度不高，学生获得感不强。面对00后的大学生群体，如何尽可能有效地将国家大政方针等思想政治教育内容传输给学生，是辅导员开展日常思想政治教育的核心问题。辅导员要善用美育的方式方法，把道理讲深、讲透、讲活，让思想政治教育真正入脑入心。

红色文化作为中国共产党领导全国各族人民进行革命、建设和改革的文化形态，发展至今已经成为社会主义先进文化的重要组成部分。红色文化符号是形式与内涵的融合，它的意义内核凸显在红色精神当中。红色文化符号具有储存、传导、弘扬红色精神的作用，是"以美育人"的重要载体。红色文化符号潜移默化地作用于潜意识和情感体验，满足人的审美需求，从而达到重塑人的情感、认知的目的。新时代背景下，辅导员应深入挖掘中国共产党红色文化符号的美育价值和实现路径，将思政教育内容之"水"，经美育教育之"渠"，流入大学生心灵之"田"。

在实现红色文化符号美育功能的过程中，提高思想政治教育红色育人、红色化人的实效，增强思政课堂的亲和力与感染力。其优势有二。一方面，将思政教育载体由传统的理论教育转化为具有象征意义和审美价值的红色文化符号。通过深入挖掘红色文化符号蕴含的红色精神，发挥其独特的思政育人价值。另一方面，将思政教育的路径由传统的讲授式转向体验式、浸润式的美育实践活动，以教师引导学生、学生传导学生，提升学生的学习兴趣，使学生在愉快、轻松的氛围中自然而然地接受思想政治教育，有利于思政教育入脑入心。

将红色文化符号融入思政课堂，打造移动的思政课堂。物态的红色文化符号是红色文化发展演变历程中承载着红色精神的载体，其包括革命先烈、英雄模范人物遗留的物品、革命博物馆、纪念馆、红色园林、伟人故居、雕塑、绘画等，学习和感知红色遗存的物态美与精神美。

将红色文化符号融入党员教育、培养过程，打造浸润式思政课堂。非物态红色文化符号也具有鲜明的艺术性、思想性、政治性。将红色音乐这个深具红色美的价值与内涵的艺术形式运用于教育活动中，开展"音乐党课"等活动，让学生沉浸在红色音乐的境域中，以达到红色教育主旨的升华，从而探索歌唱与倾听这个双向展示、交流的过程中，审美教育对学生心理结构和心理状态调整的促进作用。

下面，笔者将以湖北工业大学艺术设计学院学生第二党支部自2020年起开展的"我为党员画张像"学生党员成长工程为例来作进一步阐释。

画像第一步，即了解至深，为党员模范勾勒精神骨架。要对楷模进行深度了解，对其代表的典型精神品格进行提炼，用文字为党员"画像"。"参加这次活动，对于我来说是一次难得的学习机会。为模范党员画像，让我有机会全面、深入地了解他及其所处的那段党的历史。"自己绘制的李大钊画像得到师生们的一致认可，学生小跃十分感慨："回忆起画像最初的构思阶段，我只知道大钊先生是一位伟人，但并不了解他的伟大之处究竟在哪里，以至于总是无法刻画出先生的神韵。后来在老师的指导下，通过查文献资料、看影视作品，我反复琢磨，被先生'追求真理、至死不渝'的精神深深打动，逐渐在脑海中勾勒出了大钊先生的人物形象，那一刻，感觉自己离先生更近了。"

传统的党员培养教育方式主要是上党课，授课方式侧重于理论讲授，关注重点是理论知识教育，但党性修养必须通过深入体验才能铸就。"我为党员画张像"活动的初衷，是将建党精神内容之"水"，经绘画艺术之"渠"，流入入党积极分子和党员心灵之"田"。

画像第二步，即体悟至切，为党员画像注入生动灵魂。要改变一个人的观念，需要在特定的"情境"中通过"表达"与"领悟"的双向互动，在体验、思考、运用和领悟中，实现思想的转变和进步。"在为刘老庄连党员群体画像时，我最后才画眼睛和面部表情。起初没有灵感，随着查阅的资料越来越丰富，对他们的了解也越来越深入，直到我读到'刺刀捅弯了，就用枪托砸；枪托砸坏了，就用小锹砍；小锹砍断了，就肉搏……包括指导员、炊事员在内的八十二勇士，与多于自己20倍的敌人殊死肉搏、浴血奋战，没有一个投降，也没有一个生还……'我瞬间读懂了这个英雄连队百折不挠、视死如归的精神，当即为将士们画上了透出坚定意志与无畏精神的眼睛。"学生小李回忆创作过程中的思想变化时如是说道。

正是因为这一"点睛之笔"，刘老庄连八十二勇士的形象才从单纯的形似上升为神形兼备。而之所以能画出"点睛之笔"，源于作画人与英雄楷模之间的深度交流而产生的情感共鸣与思想认同。在为党员画像的过程中，虽然与党员模范素未谋面，但党员和入党积极分子们被一个又一个真实情境所感动，逐渐与党员模范产生了跨越时空的交契，成为精神密友。同时，借助自己所擅长的绘画艺术形式，将深刻的思想感悟倾注于生动的艺术创作之中，为看似普通的画像注入深刻的精神内涵。在这样一个双向互动的过程中，建党精神由"笔尖"流入学生"心尖"，入党积极分子和党员对党组织的认同感得到加强。

画像第三步，即修养至厚，用实际行动"画"活建党精神。塑造党性修养，要注重知、信、行合一，在实践中深化学、思、用三者贯通。"我是一名退伍大学生，也是一名中共党员，两年来一直负责'我为党员画张像'活动的组织、作品整理和布展。每一次整理作品我都会受到深深的触动，栩栩如生的画像仿佛穿越时空鞭策我要保持在部队不怕苦、不怕累、敢于牺牲的精神，勇敢面对挑战与磨炼。"学生党支部副书记小王一面整理作品一面说道，眼里闪烁着自豪而坚定的光。他退伍返校后延续军人不怕吃苦、无私奉献的品质，在疫情最严重期间在家乡担任抗疫志愿者，荣获河北省沧州市"优秀抗疫志愿者"称号，累计志愿服务时长800余小时，用行动践行和传承"为人民服务"的精神。

以王德功为代表的一大批湖北工业大学党员和入党积极分子们既是"作画人"，又是"画中人"。他们中有的人积极投身脱贫攻坚志愿服务，策划实施"妈妈回家"汉绣公益志愿服务项目，帮助贫困和留守妇女传承汉绣技能，增加家庭收入，获中国青年志愿服务公益创业赛国家金奖；一部分人用墙绘赋能美丽乡村建设，足迹遍布6省11地，志愿者参与1200余人次，绘制文化墙面累计4500余平方米，惠及村民3.8万人，被授予"全国五四红旗团支部"称号；还有的人为阻击新型冠状病毒感染勇敢站出来参与临床研究，成为首批新冠疫苗志愿者……00后入党积极分子和党员们用行动证明了一名优秀共产党员的素养，在百姓心中"画"出了更加亲切、鲜活、可靠的党员形象。

通过为党员画像的艺术实践，党员和入党积极分子们用高质量的艺术创作，对一切为中华民族伟大复兴奋斗的拼搏者、一切为人民牺牲奉献的英雄们给予最深情的褒扬，艺术境界实现从"小我"向"大我"的跨越，增强了党性教育的实效。

建党精神传承与美育教育深度融合，深化了伟大建党精神在入党积极分子和党员中的传承修养过程。通过"我为党员画张像"活动，党员模范们不再是一个个简单的名字符号，他们有了更生动、鲜活的形象。透过画像，青年一代实现了与楷模之间的跨越时空的精神对话，实现了精神上的升华，并逐步去身体力行。通过这个活动，一方面将建党精神教育融入美育实践，让艺术创作中的文字、画面及人的言行举止与建党精神融合在一起，让建党精神谱系变得清晰、生动、可践行。另一方面，借助艺术创作中的精神提炼、画面创作、体验践行等过程，使党员培养教育变得实在、科学、有效果。

建党精神传承与美育教育深度融合，在为党员培养教育提供新方式的同时，还为艺术创作注入了生动的内容和灵魂。"'我为党员画张像'活动拓宽了艺术人才培养的视野，即绘画技艺只是手段和载体，彰显精神价值才是根本目的。"学生党员梁快如此表示。据了解，由她主创的"大悟红旅计划"文创，将艰苦奋斗、团结协作等中原突围精神寓于文创之中，提升了文创作品的精神内涵，为大悟县红色文旅开发和研究提供了可行性方案，斩获米兰设计周中国高校设计学科师生优秀作品展全国一等奖。

此外，建党精神传承与美育教育深度融合，还有助于树立党的良好形象。相比传统的传播教育方式，可视化创作给建党精神的表达赋予了趣味性与可观赏性，使受众对所传递出的精神更加一目了然，从而提高了党员教育的传播效率和影响力，从而让党的良好形象更加深入人心。

我为党员画张像，建党精神入我心。一幅幅精美的画像，共同绘成一幅共产党人的伟大建党精神图谱，让入党积极分子和党员在美好的艺术氛围中切实感悟、践行伟大建党精神，为长期执政的马克思主义政党培养新生力量提供了有益探索。活动是生动性与深刻性的结合，由生活画像上升到精神画像，由浅入深，为看似普通的画像注入了深刻的内涵，寓深刻的思想引领于生动的艺术创作，提升了思政教育的实效性。

将红色文化符号融入学生第二课堂，可以打造互动式思政课堂。会讲故事、讲好故事十分重要，思政课就是要讲好中华民族的故事，讲好中国共产党的故事，讲好中国的故事，讲好中国特色社会主义的故事，特别要讲好新时代的中国故事。举办"红色故事分享会"，利用红色话语的审美表达，让学生由受众的客体转变为表现的主体，让学生用语言讲述英雄故事，领悟、展示和传播红色精神之美。结合学校大型活动，开展"我与母校的故事"分享会活动，激发学生爱校、荣校热情。红色美育是情感和情怀的积累与释放，最终达到以情动人、以情化人。开展红色主题体验式表演，推动学生融入立体式红色文化之美的主动性感知与表达，调动眼、耳、喉等感官认知，深层次实现红色人格的提升。结合学院每年迎新的新生歌手大赛活动，设置"唱响红歌"环节，让学生在舞台上展现、表演、体验，探索体验式表演对学生的审美水平和学习兴趣的提升。

（三）培养美育学生骨干队伍

学生骨干的遴选、培养、激励、指导是辅导员的主要工作职责之一。在高校美育工作中，学生骨干有其独特的身份优势，美育学生骨干是高校美育工作中的桥梁纽带。美育学生骨干是大学生中选拔出来的优秀者和佼佼者，本质身份是学生，因年龄相仿、身份相同，美育学生骨干比老师更懂学生，也更容易取得学生的理解与信任，他们从学生中来又融入学生中去，不仅能协助开展美育工作，同时还可以了解和关注学生的思想行为动态。学生骨干更容易走进学生群体了解到真实的想法和需求，将学生关于美育教育的意见与建议反馈给组织者，为学校相关美育政策的制定提供参考，从而让美育活动更具针对性和实效性，促进校园文化的繁荣发展。

学生骨干作为美育活动的组织者，全程亲身组织、参与各项美育活动，有利于促使他们从思想上提高站位与认识，与国家大政方针保持一致，从国家发展、人民幸福、生活美好的高度深刻地理解国家、学校大力倡导美育、大力开展美育活动的初衷和目的，从思想上将学生骨干统一起来、凝聚起来，打开格局、开阔视野，增强他们对美育活动的认知度和认同感，从而更自觉地、更精准地将育人理念融入具体活动的组织过程，使美育活动更有效地发挥育人作用。同时，美育学生骨干作为学生干部，他们在学生群体中的榜样示范作用明显。他们的一言一行、一举一动都将成为普通学生讨论的话题和模仿的对象。他们对美育活动的认可度与认同感，将于无形中通过他们的言行举止传递给其他学生，成为学生群体思想认知、行为规范的风向标，引领着广大同学树立"崇真、向善、求美"的新风尚。

学生骨干全程参与策划、组织、实施美育活动，有利于提升学生骨干的组织力与执行力。学生骨干队伍既有较高的思想政治素质，又热爱学生工作和管理服务工作，校园文化的繁荣发展又能为他们提供更多自我管理、自我教育的机会，使其综合素质得到全面提升。此外，美育学生骨干既是美育活动的策划者、组织者，同时也是各项美育活动的参与者，既是协助开展教育的人，也是受教育的人。通过全程浸润式参与各类美育活动，学生骨干于潜移默化中受到美的浸润与熏陶，无形中提升了审美品位与人文素养。

第二章

弘扬中华经典，
实施有厚度的美育

2018年，习近平总书记在给中央美术学院8位老教授的回信中指出："做好美育工作，要坚持立德树人，扎根时代生活，遵循美育特点，弘扬中华美育精神，让祖国青年一代身心都健康成长。"这是从中国教育现代化发展和建设教育强国的高度，从培养为中华民族伟大复兴事业而奋斗的接班人和生力军的角度对美育给出的重要指示，意义重大。

实现中华民族伟大复兴的中国梦是一项长期而伟大的事业，伟大的事业不仅需要物质富裕，还需要精神丰盈。实现中华民族复兴伟大事业需要的人才也必定是精神丰富的人，因此，对我国各学段的教育提出了明确的要求，即培养出形象美、行为美、语言美、心灵美兼具，自觉将遵守法律、坚守道德、追求高尚品德内化为自身行动自觉的有一定思想境界的精神丰富的人。实现中华民族伟大复兴的中国梦的中国人必将是按照美的规律来塑造和培养的。中华民族伟大复兴的中国梦实现之日，国家富强、社会文明程度较高、民众的思想境界较高。这一切都需要德、智、体、美、劳全面发展的社会主义建设者和接班人来创造，而这样的建设者和接班人的培养，需要我们进一步重视美育、加强和改进美育，用美育来提升人民大众的审美素养和精神境界，培育深厚的家国情怀，激发全民族的创造活力和创新意识。

一、
中华美育的内涵

美育，即审美教育，即人们利用对自然界的改造所创造出的自然美、人文美和社会美等对教育对象进行教化影响的过程。在此过程中，受教育对象的情操得以陶冶、情感得以感化、理想得以升华、情趣得以提升，感受美、认识美、鉴赏美、追求美、创造美的能力得到培养，人的自由而全面发展的终极目标得以实现。虽然"美育"这一概念源于德国美学家弗里德里希·席勒这个观点早已是学界的共识，但美育的理念与思想在中华文明中蕴含和发展可谓是"意在笔先"，始终流淌在中华五千年的文化血液之中确也是不争的事实。中华美育是中华文化的重要组成部分，是我们在世界文化激荡中站稳脚跟的坚实根基。中华美育是一个内涵复杂、不断发展的精神体系，是中华文化之所以能绵延不绝、繁荣发展的重要基础之一。中华美育精神随着中华五千年的文化历史进程而一直传承发展至今，是一个开放、包容、与时俱进的精神体系。在不同的历史时期，中华美育精神与当时的国家目标、民族愿景、人民期待紧密结合在一起，生成了既具有鲜明时代特色，又一脉相承的强大精神体系，既承载着中华五千年文明的厚重与传承，又展示出具有强大的生命力的创新与活力。

中华美育大约从西周的周公制礼作乐开始进入自觉阶段，与国家发展阶段一致，大致可分为"中华传统美育""近代美育""新时代美育"。在中华传统美育阶段，中华美育精神表现为精忠报国的爱国主义情怀，表现为富贵不能淫、贫贱不能移的民族气节，表现为厚德载物、兼容并包的开放心态，表现为自强不息、坚持不懈的开拓进取精神，还表现为以和为贵、中庸处世的人生哲学等。这一时期的美育精神集中体现了中华传统文化的精髓。

到了近代，20世纪初，蔡元培、梁启超、王国维等人在国家内忧外患之际引入西方"美育"概念，激活了中华传统美育，为爱国救亡与思想启蒙的近代中国注入了美的力量。然而，任何时代的美育理想总是和当时的社会经济、政治、文化基础及那个时代的任务密切联系的。近代中国的美育理想纵然美好，但是在近代中国半殖民地半封建社会的社会性质下，在帝国主义、封建主义、官僚资本主义三座大山的压迫下，再美好的美育理想都是无法实现的。正如马克思、恩格斯在《德意志意识形态》中所指出的那样："忧心忡忡的穷人甚至对最美丽的景色都无动于衷；贩卖矿物的商人只看到矿物的商业价值，却看不到矿物的美和特性。"

这段描述深入浅出地揭示了一个道理，那就是生产力与生产关系是人类追求更高层次的精神世界的基础与前提。在近代中国，国家内忧外患，积贫积弱，人民物质生活没有保障。在这样的社会背景下，他们每天最需要考虑的事情是如何填饱肚子的生存性问题，根本无暇去思考所谓的精神生活，而美育就是以物质条件为基础，以精神境界为目标的精神世界的生活。由此可以推测，在那个动荡不安的年代，美育只可能是停留在令人心动的一声呐喊，点燃国民知识分子和进步青年的一腔热情，但无法在半殖民地半封建社会的中国真正落地、生根，更无法结出美育的殷殷果实。

马克思与恩格斯的这一论述与美国著名心理学家马斯洛的需求层次理论不谋而合。马斯洛从心理学角度研究了人类的需求，并总结出需求层次理论，揭示出了人类的需求是分层次，且逐级被满足后才会产生上一个层次的需求的道理。具体来说，人类的需求分为五个层次，即生理需求、安全需求、社会需求、尊重需求和自我实现需求。生理需求包括人类对水、空气、睡眠等生存必需品的需求；安全需求是指人类对家庭安全、人身安全、财产安全的需求；社会需求指人们对爱情、友情、亲情等情感的需求；尊重需求是指人们对被尊重、获得成功、感到有信心等的需求；而自我实现需求则是指个体向上发展和充分运用自身才能、品质、能力倾向的需要。这五个层次的需求依次递进，逐级上升。如果下一个层次的需求没有得到满足，则人类其他需求则会被隐藏起来。相反，如果下一个层次的需求得到了较好的满足，人们就会自然而然产生新的更高层次的需求。需求层次理论为近代中国的美育理想无法落实提供了生理学依据，即在当时的社会环境下，老百姓最底层的生理需求，比如食物、水和睡眠都无法保证，对情感、精神类的追求自然则被抑制。不论是马克思、恩格斯在《德意志意识形态》中的论述，还是马斯洛的需求层次理论，都揭示了美育的成功实施所需的两个必要条件：首先要解放生产力和生产关系，使人们不再被贫穷和压迫所束缚；另外，人要超越对物质财富的无限攫取的私欲，超越功利性进入更高层次的精神境界。

根据不同时期的重点目标，近现代美育又进一步分为以"以美育代宗教"来启迪心智、塑造人格的近代美育，争取民族独立、人民解放的革命美育，服务社会主义现代化建设的社会主义美育，以及新时代培根铸魂、促进人民美好生活、助力中华民族伟大复兴历史进程的新时代美育。不同时期的美育肩负着不同的历史使命，有着不同的时代价值。

中华文明源远流长，是世界上唯一一个没有中断过的古老文明。中华文明之所以有如此强大的内生动力，最主要的原因就在于它的兼容并包，既传承自身优秀传统文化，又对优秀的外来文化持开放与包容的态度。善于从优秀外来文化中汲取养分。在近现代中国，中华美育精神从马克思主义美育思想中汲取了强大精神力量，结合自身革命、建设、改革的具体实际，使得中华美育精神得到了传承、丰富、创新与发展。中国共产党长期以来重视文化工作，以马克思主义美育思想为引领，充分发挥美育在思想引领、政治宣传、精神提振等方面的促进作用，充分展现社会主义文化事业的人民性、时代性和实践性。

二、
不同时期中华美育的历史任务

在新民主主义革命时期，艺术人才深入革命队伍，与革命队伍同吃、同住、同革命、同战斗，他们了解革命，深知如何才能用艺术坚定信念，激昂斗志，凝聚力量。延安文艺座谈会明确了文艺为中国人民服务、为中国革命服务的宗旨和目标，提出"就是要使文艺很好地成为整个革命机器的一个组成部分，作为团结人民、教育人民、打击敌人、消灭敌人的有力的武器，帮助人民同心同德地和敌人作斗争"。新中国成立之后，美育的历史使命从革命转向社会主义建设，艺术服务人民大众成为社会主义美育的使命宗旨，激励着人们焕发出为重建新的美好家园而奋力拼搏的巨大热情。《社会主义好》《石油工人之歌》《南泥湾》《我和我的祖国》《军港之夜》等红色经典歌曲;《铁人王进喜》《李四光》《霓虹灯下的哨兵》《焦裕禄》《横空出世》等红色经典电影;《乘风破浪》《百炼成钢》《创业史》等文学作品,一系列文艺作品描绘社会主义建设初期的筚路蓝缕,歌颂中国工人阶级对于社会主义生产与建设的热忱与投入,起到了鼓舞斗志的重要作用。进入中国特色社会主义新时代,无论是脱贫攻坚,全面建成小康社会,还是撸起袖子加油干,力争实现国家富强、民族振兴、人民幸福的中国梦的愿景,文艺都能凝聚起万众一心、鼓舞民族奋发向上,为追求美好生活而不懈努力的磅礴力量。

纵观中华历史,中华美育经历了五千年的历史积淀,经历了五四运动以来一百年的熏染和陶养,积累了中华人民共和国成立七十余年的宝贵经验和改革开放四十余年来的生动实践,中华美育精神在马克思主义美育精神的启迪和指引下,与中华民族革命、建设、改革的具体实践相结合,生成了具有各个时期鲜明特色的美育特质,但中华美育精神的思想脉络总是一以贯之,从未间断。中华美育精神的基因从未改变,这个基因就是对中华优秀传统文化的继承与发扬,创造性转化与创新性发展。

那中华美育精神与中华优秀传统文化二者究竟是什么关系?简言之,中华优秀传统文化为美育提供沃土,而美育反过来则承担着传承中华优秀传统文化的使命。中华优秀传统文化是中华民族在历经数千年的变迁中不断探索而逐步形成的。中华优秀传统文化不仅承载着中华文化的血脉,还延续着中华民族长久以来形成的审美习惯、审美理想、审美态度和审美特点。中华优秀传统文化之所以能绵延数千年至今,不仅没有断流反而愈发凸显其独特的价值,正是因为其蕴含的思想理念、传统美德、价值信念、人文精神、道德观念等在每一个时代都能发现现实意义与价值,而这些理念、价值、精神与观念中无不蕴含着丰富的美育资源,这些都将成为美育教育的沃土。另一方面,美育担负着传承中华优秀传统文化的历史使命。美育在某种程度上是道德与艺术的有机结合。艺术的形式是载体，传统美德、价值观念、人文精神、社会理想等是其内核，而这些内核构成了中华优秀传统文化的基石，每一个美育活动都是对中华优秀传统文化的彰显与发扬，中华优秀传统文化在数千年的历史流变中能抵挡住大浪淘沙的洗礼而愈发出珍珠般夺目的光彩，美育教育的载体作用功不可没。由此可见，中华美育与中华优秀传统文化相辅相成，有着一致的内在逻辑。正如著名美学家曾繁仁教授所指出的那样，文化的传承创新与美育密切相关，美育的育人作用使其成为文化传承的重要途径之一。

三、中华美育精神对高校思想政治教育的价值

新时代背景下，高校思想政治教育亟须提高亲和力和实效性。美育以其强亲和力、感染力和渗透性的特点，能成为高校思想政治教育的有效手段和载体。中华美育精神关乎弘扬中华优秀传统文化、坚守中华文化立场、坚定文化自信、实现人的自由而全面发展、坚持和发展马克思主义美育观等方面本质观点与高校思想政治教育的目标存在内在一致性，二者在思想政治教育的本质问题，即"为谁培养人、培养什么人、怎样培养人"这几个问题上是相连相通的。弘扬中华美育精神为高校思想政治教育的实施提供了可行的路径。高校思想政治教育有效实施就是要回答好"为谁培养人、培养什么人、怎样培养人"这三个问题。而弘扬中华美育精神的过程刚好能对应回答上述问题。

（一）以美润心，弘扬中华美育培根铸魂价值，回答好为谁培养人的问题

教育是国之大计、党之大计。新时代高校应坚持社会主义办学方向不动摇，坚持把立德树人作为学校教育中心环节，为党育新人，为国育良才，培养一批又一批堪当民族复兴大任的时代新人，培养社会主义合格建设者和可靠接班人。在风云激荡、波谲云诡的当代政治环境中，中华民族要想自立于世界民族之林，在外部世界的干扰下依旧能坚定地按照自己的节奏向实现中华民族伟大复兴的中国梦不断前进，就必须要保持定力，而文化是凝聚一个民族根与魂的精髓，因此必须坚定文化自信，坚守中国特色社会主义文化，找到符合自身特点的文化强国之路。

随着高等教育扩招，加上外部环境、物质条件极大改善，社会上出现物质主义、拜金主义等错误思潮，影响了人们的价值观，也导致高等教育片面追求功利的结果，对青年学生的教育重技艺、轻文化与内涵。导致在很长一段时间内，高校培养的人才更倾向于平质化，有知识缺文化，有技能缺涵养。世界观、人生观、价值观教育缺失，学生有着较高的知识技能水平，但没有正确的三观，没有坚定的信

仰，没有把国家期待、道德准则和社会规范内化为内心信念、外化为行动自觉，很容易沦为自私的、平庸的甚至茫茫然无精神追求的人。这显然与国家对新时代青年的要求不相符，与实现中华民族伟大复兴的中国梦对青年人才的要求不相符，高校思想政治教育的效果也不尽如人意。

中华美育的本质是一种价值观教育，这在某种程度上可以实现对当前高等教育的互补与促进。中华美育精神中"国家兴亡、匹夫有责"的价值观，"靖康耻，犹未雪，臣子恨，何时灭"的爱国主义情怀，"粉骨碎身浑不怕，要留清白在人间"的勇气，"只解沙场为国死，何须马革裹尸还"的决心……这些都是中华优秀传统文化的养分，可以用以滋润学生的心灵，帮助他们树立正确的家国情怀，涵养浩然正气，在了解自己国家文化历史中解读文化之美，树立文化自信，坚定"为中华之崛起而读书"的信念，为实现国家富强、民族复兴、人民幸福的中国梦而学习的人生理想。中华美育精神将为高校青年学生源源不断地输送精神养料，引导他们在国际国内比较中保持独立清醒的头脑，形成正确的是非观念，在大是大非面前作出坚定而正确的判断，努力成长为国家发展、民族复兴所需的可靠接班人。

（二）以美塑人，弘扬中华美育涵养人文精神价值，回答好培养什么人的问题

全国教育大会强调，培养什么人，是教育的首要问题。高校教育工作者要深入学习贯彻习近平新时代中国特色社会主义思想，引导激励青年学生坚定理想信念，把自己的人生追求同国家繁荣富强、社会发展进步、人民伟大实践紧密结合在一起，努力成长为德、智、体、美、劳全面发展的社会主义建设者和接班人。国家提出加强和改进学校美育，促进以美育人、以美化人，提升学生审美素养与人文素养。要实现人的自由而全面地发展，美育的作用不容忽视。

人类第一次工业革命，蒸汽机取代单纯人力，机器替代了手工，生产力得到了极大提高的同时也解放了人类的双手。随着第二次、第三次、第四次工业革命的出现，人工科技越来越发达，人类物质文明飞速发展，人类在享受工业革命带来的便捷、高效与丰富的同时，也开始承担被物化和被物欲统治的风险。每个人都被看似"先进""高级"的物质所裹挟，被看似"丰富"的世界所包围，却逐步忽略了对自身心灵的自省与反思。人类逐渐蜷缩在物质世界营造的舒适圈里，越缩越小，出现了许多人性异化、人格失衡、人文缺失等"单向度的人"。互联网时代的到来，信息浪潮向人们席卷而来，网络上的价值观纷繁复杂，对于三观还未定性、判断力还不成熟、定力还不够的大学生而言，无疑将受到干扰甚至伤害，不利于实现培养全面、和谐发展的时代新人的目标。

中华美育的理想是用美育塑造和谐而完整的，具有一定主观能动性的，对社会有价值的人，这与新时代"培养什么人"的目标不谋而合。中国优秀传统手工艺是中华优秀传统文化的瑰宝，是技巧与艺术的完美结合。以优秀传统手工艺为手段，培养青年大学生掌握传统手工艺技术，学习手工艺背后的文化，体会匠心铸造所蕴含的工匠精神，不仅可以对大学生进行手、脑、心、眼多个方面的协调训练，陶养性情，提升审美素养，防止异化，还能引导他们坚定文化自信，养成文化自觉。

（三）以美促行，弘扬中华美育坚守中华文化立场价值，回答好怎样培养人的问题

《高校思想政治工作质量提升工程实施纲要》指明，在高校思想政治工作中，应坚持以习近平新时代中国特色社会主义思想为指导，以立德树人为根本，以理想信念教育为核心，以社会主义核心价值观为引领，以全面提高人才培养能力为关键，强化基础、突出重点、建立规范、落实责任，一体化构建内容完善、标准健全、运行科学、保障有力、成效显著的高校思想政治工作质量体系，形成全员全过程全方位育人格局。以美育人、以美化人、以美培元，美既是高校思想政治教育目的，也是途径，是方式，是手段。高校思想政治教育工作要借助美育这一途径才能更好地落地落实。

用中华美育能更有效地回答怎样培养人这一问题，原因主要表现为如下两个方面：一是审美化的育人方式更有效；二是用美育的内容潜移默化地进行文化自信教育，润物无声，却能引导青年大学生坚定中华文化立场，筑牢文化自信根基。高校思想政治教育具有鲜明的意识形态属性，美育教育也自然具有意识形态属性。二者在"为谁培养人、培养什么人"的问题上有着高度的逻辑一致性。在怎样培养人上，美育以其独有的形式和特色可以大大提高思想政治教育的效果。传统的高校思想政治教育的实施主渠道是课堂，主形

式是理论讲授，这虽能较好地保持思想政治教育的意识形态属性，但是理论讲授很容易让学生感到枯燥乏味，就算有一颗爱学习的心，也难以把精力始终集中在理论讲授上，可想而知教育效果将大打折扣。美育则能弥补传统思想政治教育在教育手段和形式上的欠缺。美育以艺术化的手段，以寓教于乐的形式，将深刻的思想政治理论传递给学生，学生则能通过参与美育活动，在体验美、认识美、创造美的过程中，提升审美素养，培育人文精神，同时悟出思想政治教育的深刻道理。艺术的形式既有助于学生内心的和谐，还能起到"动之以情，晓之以理"的作用。青年学生在潜移默化中感受到人与自然、人与人、人与人的关系，感受到了中华优秀传统文化的博大精深，提升了审美境界。

美育教育善于用学生喜闻乐见的、春风化雨的、鲜活生动的教育方式取代传统的灌输式教育，让学生感觉到的强制性相对弱化，激发学生的内在学习动力，使学生凭借对美的向往与追求，学会主动学习，并把学习当成是一件自觉的、令人感到愉悦的事。灌输式教育因此变成学生自觉自愿的主动行为，思想政治教育的过程充满了美感，感染力和吸引力自然增强。美育是途径和手段，以美育活动为载体，对学生进行中华优秀传统文化教育、红色革命文化教育及社会主义先进文化教育，既体现了中华美育宏大的历史厚重感、思想深邃感、文化包容感，又能更好地增进大学生的"四个自信"，坚守中华文化立场。

传统文化是人类在社会历史长河中所创造出的宝贵财富。这些财富在文学、艺术、教育、科学等领域，对人们的思想、行为、精神境界等维度都起到了不可替代的作用。中华民族有着五千年从未断流的传统文化，也因此铸就了悠久灿烂的中华文明。

关于中华优秀传统文化的定义，学术界到现在仍然没有一个普遍认可的定义。从相关研究文献来看，多数学者采用列举和描述的方式界定什么是中华优秀传统文化。例如，钱逊先生认为，值得我们传承的观念比如仁爱、自强、威武不屈等可以被称为中华优秀传统文化；张岱年则认为，人际和谐、天人协调是中华优秀传统文化中最主要的思想。还有学者从不同的维度尝试定义中华优秀传统文化的内涵。例如，李宗桂从价值观维度提出，但凡是展现出中华民族"精神气质"的思想文化就可称为优秀；学者李申申用历史的视角进行解读，认为经受住了历史和实践的检验，仍然被人们相信、践行的才能被称为优秀的；张继功等人将视角又拉回到现实，他认为应该以是否能为现实社会所用，对现实社会的发展有利，是判断一个文化因素是否属于优秀范畴的标准。综合上述观点，本专著所讨论的中华优秀传统文化是集中体现了中华民族精神气质，经过了长时间的历史检验，在过去发挥过重要作用，至今仍对素养提升、社会和谐、文明进步有价值的文化因子。

中华优秀传统文化是传统文化的重要组成部分，是高校美育的文化母体，民族的精神命脉，更是涵养社会主义核心价值观的重要源泉。高校美育是传承中华优秀传统文化的有效载体。重视、挖掘中华优秀传统文化在高校美育中的价值和实践路径，找准切入点，将二者有机结合，找到以美育为载体传承中华优秀传统文化的实践路径，才能真正实现高校落实以美育人、以美化人、以美培元的目标。

辅导员是高校思想政治教育的骨干力量，辅导员在工作中落实以美育人、弘扬中华美育的程度如何、效果怎样，将直接影响高校思想政治教育的效果。弘扬中华经典，实施有厚度的美育，高校辅导员需要把握"两个原则"，推进"四个融入"，做一些努力和尝试。一方面，结合校、院特色挖掘蕴含其中的中华优秀传统文化资源；另一方面，结合辅导员自身特长探索中华文化融入高校美育的有效路径。《普通高等学校辅导员队伍建设规定》中明确了辅导员的双重管理制度，即实行学校和院（系）双重管理。如何挖掘利用好学校和学院的双重资源，实施兼具国家要求的高度与地方院校本土化实效的思想政治教育，是高校辅导员工作中的重要一环。地方高校是以当地历史文化为背景而建设发展起来的，当地的历史文化为其提供了丰富的养分。相应的，在实施教育过程中，高校也可以将这种背景转化为教育资源，充分挖掘其中蕴含的中华优秀传统文化精髓来开展美育教育。这既有利于当地传统文化的挖掘、传承、保护与发展，又有利于为美育提供更真实、鲜活、生动的素材。此外，不同学院在学科性质的差异，在学校整体架构中肩负着不同的职责，但每一门学科都有着悠久的历史沿革。在学科的发展历程中，有无数前辈们曾经为之呕心沥血，他们的爱国、勤奋、担当、求实等优秀品质都能成为极富生命力和感染力的美育教育素材，拉近了中华优秀传统美德与学生心灵的距离，使大学生在接受专业教育的同时受到传统美德的熏陶与感染，提升美育教育的实效。

辅导员是开展大学生思想政治教育的重要力量之一，是既具有较高的政治素质和坚定的理想信念，又具有宽口径知识储备和某种特定专业学习背景的复合型人才。不同的专业学习经历和背景与思想政治教育目标任务相结合，能为传统的思想政治教育注入新的活力，有利于创造出更多的更适应当下青年学生的兼具创新性与文化内涵的美育活动。

一、推进中华优秀传统文化融入课堂

对于独立承担的课程，例如思想政治理论课、形势与政策课、公共选修课等，辅导员首先应主动学习补充中华优秀传统文化相关理论、知识，做到习近平总书记要求的"传道者自己首先要明道、信道"；其次，在课程设计上，辅导员应当以适当的切入口，将合适的中华优秀传统文化素材融入其中，生动有趣的传统文化素材既能有效地丰富教学素材，又能使学生于潜移默化中悟出其中蕴含的传统文化要义与精髓；最后，辅导员要善于运用实践环节来开阔学生的美育视野。例如，在形势与政策课上，当讲到国家发布《中华优秀传统文化传承发展工程"十四五"重点项目规划》这一时事热点时，辅导员可以利用实践学时组织带领学生参观博物馆、革命纪念馆等，用现场教学的方式让学生更近距离感受到传统文化的魅力，既提升了课堂参与感，也能让传统文化教育"活"起来。

除了自己所讲授的课程外，辅导员还应该主动与专业课任课教师沟通，积极推进优秀传统文化内容融入专业课教学，挖掘课程思政的潜力，丰富传统文化教育的内涵与外延，拓展传统文化教育的覆盖面。历代著名建筑与各类工艺美术品中饱含了人文精神与美育思想，为高校美育的开展提供了取之不尽、用之不竭的素材。土木建筑专业与艺术设计专业可在课程中有机融入"中华传统名建筑鉴赏""中华历代家具鉴赏"等章节，从专业的视角切入，引领学生在专业学习的同时，不自觉领悟中华优秀传统文化之美。辅导员在这个过程中所发挥的主要作用就是主动争取专业教育与思政教育协同育人的机会，并创造条件落实。

二、
推进中华优秀传统文化
融入辅导员日常工作

辅导员的主责主业是开展大学生思想政治教育，中华优秀传统文化教育是思想政治教育的重要内容之一。将中华优秀传统文化的内容有机融入辅导员日常思想政治教育工作中，使中华优秀传统文化内容之"水"，经日常工作之"渠"，自然淌进大学生心灵之"田"，有利于杜绝传统文化教育与思政教育"两张皮"现象，提升实效性。传统文化教育与日常思想政治教育相结合可采用"以小见大"的方式。例如，引导大学生不过"洋节"是辅导员日常思想政治教育的内容之一，但如果采用硬性要求的方式"不允许"，可能遭到已有自己独立思想和主见的大学生们的无声抗议，激起他们的逆反。这时，慎用"不允许"等表述，取而代之用加强中华传统节日宣传的方式，为学生打开过节的"新窗口"，开展丰富多彩的校园文化活动，带领学生认识传统节日、了解传统节日、体验传统节日习俗、领悟传统节日中蕴含的中华传统美德，并通过庆祝传统节日自觉肩负起传承文化的使命担当。

以贫困生资助工作为例，开展公平公正公开，流程清晰规范的贫困生资助工作是每一位辅导员的基本功，但是资助工作不应仅停留在物质上的帮助，应该进一步挖掘其中蕴含的中华优秀传统美德，从辅导员自身素质提升、校园文化营造和资助方式提档升级三个方面，确保受助学生不仅得到了物质的帮扶，更得到了精神的升华。具体来说，首先，建设敬业、专业、爱业的资助工作队伍，升级资助育人的硬件。思想是行为的先导，思想有了高度，资助育人的效果才能得以保证。辅导员的一言一行、一举一动都在给学生打标树样，他们对待工作是否敬业，他们是否拥有勤恳的工作态度，都能通过日常工作的开展传递给学生一种价值观。这对价值观尚处形成阶段的大学生而言是一种最直观的教材与范本。因此，辅导员首先要以身示范，率先垂范，做一个有美德的人，用自身的人格魅力对学生进行引导。

此外，打造诚信、励志、感恩的资助文化，优化高校资助工作的软件。中华优秀传统文化中的诚信、励志、感恩等优秀基因需要深入每个学生的心中。辅导员还应当重视、把握流程性工作以外的机会实施育人。根据辅导员工作实践，笔者发现，在涉及金钱的学生工作时，学生中的争议、争论与争端往往都更集中一些。从另一个角度来看，这也是育人的好机会。辅导员应善于利用学生群体的焦点和冲突来实施教育，可通过召开诚信主题班会、签订诚信承诺书、过程监督等方式引导学生诚信申报家庭经济状况，诚信使用受助金额，树立正确的义利观，养成通过正当渠道获得财富的习惯。

三、
推进中华优秀传统文化融入大学生实践活动

除了课堂学习外，辅导员实施"以美育人"的另一个重要阵地是第二课堂活动。通过开展美育实践活动，大学生可以认识美、欣赏美、体验美以及创造美，实现理论知识到实践环节的融通，在知行合一中真正达到"以美育人、以美化人、以

美培元"的育人目标。推进中华优秀传统文化融入大学生实践活动，应以高校美育目标为方向，充分挖掘中华优秀传统文化中具有丰富育人价值的实践载体，结合教育对象的不同专业、不同年龄层的特点，制定实施有针对性的美育方案。例如，可以举办人文讲坛，解读经典，引导青年大学生阅读经典作品，领悟传统文学之美，从而提升他们的审美趣味；可以组织民乐团，定期开展训练与表演，让青年大学生感受到民乐的大气厚重之美，让传统文化乘着音乐的翅膀飞入当代年轻人的心中。

新时代弘扬中华美育精神是要充分发挥艺术类教育的独特优势，在浓厚的文化和艺术氛围中提高审美素养，陶冶高尚情操，塑造美好心灵，激发创新创造活力。

可以举办传统手工艺体验工作坊，依托艺术类学院丰富的手工艺设计实验室资源，面向全校师生开展形式多样的传统手工艺体验活动。例如，组织汉绣工艺、陶艺制作、篆刻、漆艺体验坊，面向全校，邀请有兴趣的师生亲身体验，让传统手工技艺走到师生身边，走进师生心里。从"离我很遥远"变成"眼能看到，耳能听见，手能触摸，心能感受"，使大学生受到美的熏陶，加强对传统手工艺之美的认知与认同，感受到中华优秀传统文化之美，潜移默化中增强文化自信。

可以开展美育三下乡社会实践。例如，围绕"提倡厉行节约""制止餐饮浪费"等与传统美德相关的热门话题开展志愿活动，一方面利用专业特长设计宣传资

料，另一方面号召学生弘扬志愿精神，从自身做起节约粮食，牢记"一粥一饭，当思来之不易；半丝半缕，恒念物力维艰"。

发挥艺术类专业学生的专业特长开展主题墙绘三下乡实践活动，组织学生利用专业特长弘扬主旋律、传播正能量。面向全校招募志愿者团队，以重阳节、中秋节、端午节等传统节日为契机，与养老院、孤儿院、特殊群体学校等群体对接，开展书法、绘画、手工、设计等艺术活动，用艺术的力量帮助他们提升生活品位，发现人生乐趣，从艺术中感受美好生活的希望与力量。使学生在帮助他人的同时，接受美的熏陶，受到孝悌友爱、扶危济困等中华优秀传统美德的感召与启发，行为美内化为心灵美、人格美，体现了美育对人格培养的作用。

可以举办传统文化艺术节，通过一系列活动，鼓励、引导青年大学生主动去认识了解传统文化、考察研究传统文化、展示传播传统文化、传承发扬传统文化，在全校范围内营造"学习传统文化我先行，弘扬传统文化我骄傲"的氛围。

可以举办中华诗词鉴赏活动，用经典诗词培根铸魂。组织开展中华经典诗词鉴赏活动，通过设立诗歌会、读书会、创作表演等多种形式。在老教授的帮助下，引导大学生热爱文学经典、创作文学作品，在学习中提升形象气质，丰富精神世界。以他们为中心点，辐射整个社会，让他们对经典文学作品的阅读成为生活的常态，并逐步意识到这是当代青年理应肩负的使命，而不是一种可有可无的选择。

还可以成立大学生美育讲解团，遴选学生组成美育讲解团，开展面向全体学生的普及艺术作品志愿讲解活动。深入挖掘艺术作品中蕴藏的社会主义核心价值观、中华优秀传统文化、革命文化和社会主义先进文化等精神价值，通过美育志愿活动，引导和带动更多学生认识美、欣赏美、创造美、传播美，提升审美素养，提升精神境界，营造高雅的校园文化氛围。

四、
推进中华优秀传统文化
融入校园文化建设

高校校园文化是一个文化共同体，青年学生无时无刻不浸润在校园文化的熏陶之中，高质量、有品位的校园文化对落实立德树人、推进高校美育落实落地、走近学生心理具有积极作用。通过营造高品位的校园文化氛围来推进美育教育，要重视"两种形态"和"一个出口"。"两种形态"是指传统文化的精神形态和物质形态，"一个出口"是指对校园文化建设的传播出口。传统文化精神形态的捕捉往往需要一种文化活动作为载体。辅导员应引导大学生积极参加"高雅艺术进校园""传统文化讲座""樱花诗赛"等传统文化活动，为学生的课余生活提供宝贵的传统文化精神食粮。此外，还可利用学校的校史馆、档案馆、图书馆、设计艺术馆等场所，开设传统文化作品、艺术品的展览区，供大学生参观体验。有条件的学校还可以利用户外文化广场等场所设置传统文化长廊，选取中华上下五千年历史中的文化明珠，进行艺术性的创作与展示，有利于丰富校园文化底蕴，为学生提供一种沉浸式的学习、体验、感悟传统文化的机会。大学生沐浴其中，通过直观地触摸、体验传统文化的物质形态，会不自觉地达到精神上的享受与认同。

除了营造有形与无形的文化形态之外，要想提升校园文化的覆盖面与建设效果，传播与宣传工作必须同步跟上。可采取与校内官方主流新媒体平台合作的方式，加强传统文化相关活动的宣传力度，增强高校美育教育与中华优秀传统文化之间的黏性，提升青年学生对传统文化活动的关注度与参与度。以"大好河山""家乡美"等为主题举办绘画、摄影比赛，配以与美景相契合的诗句或传统乐曲，以诗配画、照片配音乐等形式在校园新媒体平台上进行展示，借助新媒体平台受众人群广、关注度高的优势在青年群体中传播热爱祖国、热爱家乡的传统文化，引导他们关注、发掘身边的美。

在上面的论述中，笔者列举了一些可以在高校开展的传统文化活动作为例子，但未进行详细介绍。接下来，笔者有重点地选取几例在实际美育教育探索实践过程中策划开展过，并取得较好效果的活动，供读者们参考。

活动一：传承经典，用经典诗词培根铸魂

项目意义：

每一个人都有两个世界，一个是外在世界，一个是内在世界。外在世界是大家共有的，而内在世界却是每一个人独有的，就是我们的精神世界。文学经典恰恰是丰富、完善我们精神世界的良方。今天，世界的发展一日千里，物质世界极大丰富，但精神世界却未跟上，造成了许多困惑、困扰、焦虑和不安。本项目旨在从大学生阅读经典文学作品的意义、困境、可行性出路三个方面出发，探索适合路径，旨在激励作为我们国家的新生代力量的大学生提升对阅读经典文学作品的兴趣，以他们为中心点，辐射整个社会，让我们对经典文学作品的阅读成为生活的常态。这是整个民族理应肩负的使命，而不是一种可有可无的选择。

创新点：

通过设立诗歌会、读书会、创作表演等多种形式，在老教授的帮助下，引导大学生热爱文学经典、创作文学作品，在学习中提升形象气质，丰富精神世界。

实施目的：

引导大学生热爱文学经典、创作文学作品、丰富精神世界，建设一支文学经典爱好者队伍，影响并带动周边学生一起学习文学经典，提升学风建设水平。

项目背景：

社会发展太快，对文学经典的学习却日渐式微，灵魂跟不上来，从而使社会中充满浮躁。为了可持续发展，需要自我控制，不高估眼前，不低估未来，戒浮躁，踏踏实实做事，让自己的内心慢下来，让灵魂跟上脚步，让文学经典滋润人们的心田，使人们更理性、更从容。

目标任务：

创立学院诗歌会，发展壮大读书分享会，定期开展学习研讨活动。通过参加一年一度的"樱花诗会"等比赛，检验学习成果，收集并整理学生的作品成册。

工作计划与进度安排：

① 第一阶段：组建专业团队（包括学生和专业指导老师），明确活动计划，集体讨论后确定活动方案；

② 第二阶段：开展学习研讨活动，组织创作比赛并进行评比；

③ 第三阶段：整理师生优秀作品并成册。

活动二：我为党员画张像——美育与思政教育融合实践

项目意义：

开展寻访优秀党员活动，通过用画笔描绘党员现实生活中的像，用故事刻画党员精神的像，用画册和展览等宣传方式讴歌优秀党员形象，活动将产生多方面的积极影响。对被寻访党员：通过寻访和宣传，被寻访党员的身份认同感、归属感与成就感得到进一步提升。对学生：既能巩固专业能力，又使其受到党员精神的感召，自觉增强对党组织的认同感。通过制作画册和举办展览等形式，充分挖掘蕴藏在优秀党员事迹中的社会主义核心价值观、中华优秀传统文化、革命文化、社会主义先进文化，使大学生思想政治教育以更加吸引人、感染人的温和方式入脑入心，使学生受到精神的触动，进而成长为有坚定理想信念的人。对学校和社会：营造向和平年代的"英雄"学习的校园氛围，激发干事创业的热情，自觉投身第二个百年奋斗目标的建设中。

创新点：

专业与思政融合，充分挖掘专业教育中的思政育人价值，比单纯的思政教育更接地气、更易学生接受，增加了思政教育的亲和力；生动性与深刻性相结合，由生理画像上升到精神画像，由浅入深，为看似普通的画像注入了深刻的内涵，寓深刻的思想引领生动的艺术创作，提升了思政教育的实效性。

实施目的：

通过用画笔描绘党员现实生活中的像，用故事刻画党员精神的像，用画册和展览等宣传讴歌优秀党员形象，增强青年学生对党组织的认同感，在全校范围内营造向优秀党员学习的校园氛围，提升大学生思想政治教育的亲和力、感染力和实效性，激励青年学生在实现中华民族伟大复兴的中国梦的新征程上奋勇前进。

项目背景：

2018年9月10日，全国教育大会在京召开，习近平在会上指出，"培养什么人，是教育的首要问题。我国是中国共产党领导的社会主义国家，这就决定了我们的教育必须把培养社会主义建设者和接班人作为根本任务，培养一代又一代拥护中国共产党领导和我国社会主义制度、立志为中国特色社会主义事业奋斗终身的有用人才"。中国共产党已经走过了一百年波澜壮阔的光辉历程。一百年来，我们党矢志践行"为中国人民谋幸福，为中华民族谋复兴"的初心和使命，团结带领全国各族人民开辟了伟大道路，建立了伟大功业，铸就了伟大精神，积累了宝贵经验，在中华民族发展史和人类社会进步史上写下了壮丽篇章。在习近平新时代中国特色社会主义思想指引下，各条战线涌现出一大批优秀共产党员。在他们身上生动体现了中国共产党人坚定信念、践行宗旨、拼搏奉献、廉洁奉公的高尚品质和崇高精神，鲜明昭示了党的理想信念宗旨，继承发扬了党的光荣传统，充分展示了党的事业和党的建设取得的丰硕成果。大学生处于"三观"形成的关键时期，这些有温度的故事和其中蕴含的高尚品质和崇高精神正是对青年学生进行价值观引导的绝佳素材。寻访、挖掘优秀共产党员的感人事迹和崇高品德有助于青年学生从中汲取精神养分，自觉坚定为第二个百年奋斗目标努力的信念。与此同时，宣传优秀党员事迹与精神有助于在全校全社会形成崇尚先进、见贤思齐的浓厚氛围，凝心聚力，向着中华民族伟大复兴的中国梦奋勇前进！

目标任务：

① 短期目标：通过开展寻访优秀党员活动，整理汇编优秀党员"相册"，以画像配故事的方式将优秀党员的事迹汇编成册。

② 中期目标：经过一到两年的积累，引导学生在巩固专业能力的同时，深刻领悟蕴藏在优秀党员事迹中的社会主义核心价值观、中华优秀传统文化、革命文化、社会主义先进文化的价值，自觉增强对党组织的认同感，进而成长为有坚定理想信念的人。

③ 远期目标：经过三到五年的积累，形成品牌，使活动的影响力辐射至更大范围的师生，探索形成一条"专业+思政"教育的有效路径，感染更多青年学生，使其受到精神的触动。与此同时，营造向和平年代的"英雄"学习的校园氛围，激发干事创业的热情，自觉投身第二个百年奋斗目标的建设中。

项目设计：

① 确定寻访对象；

② 招募学生团队；

③ 制订采访提纲；

④ 为学生团队分工；

⑤ 联络对接开始寻访、画像；

⑥ 遴选画像，择优整理校对，汇编成册；

⑦ 学习宣传；

⑧ 经过多次寻访积累，策划实施"我为党员画张像"作品展，使中共优秀党员的精神品质感染更多学生。

工作计划与进度安排：

2021年10月确定寻访对象；

2021年10月至11月招募学生团队；

2021年11月制定采访提纲；

2021年11月为学生团队分工；

2021年11月至12月联络对接开始寻访、画像；

2022年1月至3月遴选画像，择优整理校对汇编成册；

2022年4月至5月学习宣传；

2022年6月至2023年2月多次寻访，记录、画像、整理；

2023年3月至5月经过多次寻访积累，策划实施"我为党员画张像"作品展，使中共优秀党员的精神品质感染更多学生。

预期效果及成果形式：

① "我为党员画张像"画册一本（党员画像配党员故事）；

② 学生寻访活动心得若干；

③ "我为党员画张像"作品展一次（线上或线下）。

活动三：大学生美育讲解团建设工程

建设目标：

针对工科院校学生特点，依托湖北工业大学艺术类学科的专业平台，遴选学生组成美育讲解团，利用建党百年校内外艺术作品展览契机，开展面向全体学生的普及艺术作品志愿讲解活动。深入挖掘艺术作品中蕴藏的社会主义核心价值观、中华优秀传统文化、革命文化和社会主义先进文化等精神价值，通过美育志愿活动，引导和带动更多学生认识美、欣赏美、传播美，提升审美素养，提升精神境界，营造高雅的校园文化氛围。

项目意义：

习近平总书记给中央美术学院8位老教授回信强调，弘扬中华美育精神，让祖国青年一代身心都健康成长。这一要求充分体现了美术教育的重要性。美育用优美感人的艺术形象，可以帮助学生形成独特的审美，引导学生认识现实、历史和理想，在审美中感受中华优秀传统文化、革命文化、社会主义先进文化，使他们得到更有深度的艺术教育和更生动的思想品德教育。在这样的背景下组建大学生讲解员队伍，组织美育实践活动，是全面加强和改进学校美育，坚持以美育人、以文化人，提升学生审美能力的有力举措，同时，让美育在课程思政中发挥作用。

创新点：

① 学生作为"美育"主体参与其中，将学生从"美"的被动接受者转化为"美"的主动传播者，提升美育实践的效果；

② 将美育成果转化为志愿服务，引导学生自我教育与服务他人相助相长；

③ 利用新媒体平台进行活动宣传，扩大美育实践的影响力；

④ 在对世界优秀艺术和中华优秀传统文化的弘扬、传承中进行再设计、再创造。

实施目的：

① 提升大学生"美育"实效，培养大学生对美的鉴赏和讲解能力，培养和建立一支善于传播艺术之美、设计之美、中华优秀传统文化之美的大学生讲解员队伍；

② 增强美育熏陶，涵养人文情怀，引导大学生了解世界优秀艺术和设计作品，增进对作品背后文化的深层理解；

③ 挖掘艺术作品中蕴藏的社会主义核心价值观、中华优秀传统文化、革命文化和社会主义先进文化等精神价值，通过讲解，引导和带动更多学生认识美、欣赏美、传播美，提升审美素养，提升精神境界，营造高雅的校园文化氛围。

项目背景：

我校历来重视培育优秀校园文化，良好的校园文化能够有效地培养学生的文化素养，美育是校园文化建设中不可或缺的一部分，而我校工业设计学院、艺术设计学院可以发挥专业优势，组织美育实践活动助力优秀校园文化建设。此外，学校校史馆已有一批优秀的大学生校史讲解员，可为美育讲解员队伍的建设提供指导和帮助，美育讲解也可以扩充校史讲解的内容和形式。

习近平总书记在全国教育大会上提出了"培养德智体美劳全面发展的社会主义建设者和接班人"的重要论断，将"美育"置于重要的地位。我校制订的《湖北工业大学"五育并举"人才培养工作方案》，遵循"德智体美劳'五育并举'"的教育理念，构建了五育全面培养的教育体系，其中优化美育教育为重要环节。学校工业设计学院、艺术设计学院有着深厚的艺术教育积淀，在国家不断强化"美育"的背景下，工业设计学院、艺术设计学院学生可以发挥专业特长，对优秀艺术作品进行鉴赏和讲解，实现传播美、提升工科院校学生审美能力的目标。

目标任务：

①培养一支善于传播艺术之美、设计之美、中华优秀传统文化之美的大学生讲解员队伍，并对讲解员进行培训，确保讲解活动的实施；

②利用校园内外艺术设计作品展，开展艺术作品鉴赏讲解，提升学生审美能力；

③拍摄艺术作品讲解视频，利用新媒体平台进行宣传。

项目设计：

表2-1　大学生美育讲解团建设工程项目设计

项目环节	具体内容
讲解员队伍培养	美育讲解员10人：普通话标准，有一定的文化底蕴、艺术专业知识，有意愿为美育讲解工作服务一年以上，主力为大学二年级、大学三年级学生
	储备讲解员10人：吸纳大学一年级学生作为储备讲解员，参与培训
校内讲解活动	课程作品展或校内各类艺术主题展：依托此类展览开展讲解活动（班级、学院范围内）
	毕业设计展：依托毕业设计展开展讲解活动（学院、全校范围内）
	美育讲解主题活动（全校范围内）
校外讲解活动	结合设计考察课程，到校外艺术馆等地参观并开展讲解
	结合短学期社会实践，到校外艺术馆等地参观并开展讲解
新媒体宣传	拍摄制作艺术作品讲解视频，利用新媒体平台进行宣传

工作计划与进度安排：

① 准备阶段：组建专业团队（包括专业指导教师和学生），遴选一批优秀的学生组成讲解员队伍和储备队伍，安排讲解员的培训，对讲解活动的时间、地点、形式、方向进行讨论，集体讨论后确定实施方案；

② 实施阶段：依托社会实践、设计考察课程、学校毕业设计展、艺术作品展等活动，在校内外开展讲解活动，讲解各类优秀艺术作品，引导学生了解和鉴赏艺术，提高审美水平；

③ 宣传阶段：对讲解员队伍和讲解活动进行宣传，并拍摄作品讲解视频，增加活动的影响力，扩大活动的辐射面，增强校园美育效果，提升大学生的审美水平，为建设美丽校园、美丽中国贡献一份力量；

④ 复盘阶段：对已开展的讲解活动进行总结，并不断吸纳新的学生加入讲解队伍，保证美育实践活动开展的持续性。

预期效果及成果形式：

① 培养和组建一支善于传播艺术之美、设计之美、中华优秀传统文化之美的大学生讲解员队伍，并不断提升讲解水平；

② 通过在全校范围内开展艺术鉴赏讲解活动，提升工科院校学生审美意识与能力，浓厚校园文化氛围；

③ 制作一系列优秀艺术作品讲解视频，讲解作品涵盖艺术作品、设计作品、中华优秀传统文化作品等，利用新媒体平台进行宣传，并力争通过省级媒体报道，宣传我校美育培养的成果，在全省工科院校中树立一股美育培养的风潮，在美育培养和文化传承方面发挥领航示范作用。

活动四：设计艺术节系列传统手工艺微工坊

为大力营造浓厚的校庆文化氛围，加快推动美育校园建设步伐，广泛凝聚"爱我湖工"的深厚情感，根据2022年湖北工业大学设计艺术节活动相关计划安排，现面向全校学生开展喜迎建校70周年传统手工艺微工坊活动。活动对象为全体在校本科生。具体安排如下。

一、画坊

活动名称：彩绘校园，笔舞青春。

活动目的：激发和促进对色彩的感知、理解与表达，利用视觉艺术引导同学感受美、体验美、创造美，起到寓教于乐、陶冶情操的积极意义。

活动内容：

① 参与活动的学生自行挑选承办方提供的绘画范例，也可提前备好自己感兴趣的画作样式；

② 在工作人员的指导之下绘制丙烯装饰画、马克笔风景画与诗画创作等主题创意装饰画；

③ 根据画面大小结构，裁剪装裱，与作品合影留念。

参与人数：20～25人。

二、陶坊

活动名称：点土成金，陶秀梦想。

活动目的：学习陶泥制作技巧，感受传统手工艺的温度，提高审美意识。在陶艺创作中探寻中华千年历史，树立文化自信，动中增能。

活动内容：

① 了解基础陶艺知识，学习陶艺制作的方法；

② 在工作人员的指导下，通过捏、揉、搓、塑等手法，创造出形态各异，独具风格的"小"作品；

③ 晾干后烧制，作品完成后到指定地点领取成品。

参与人数：20～25人。

三、绣坊

活动名称："绣"出你的美。

活动目的：了解民间艺术——汉绣，学习其独特的艺术表现形式，在传统与现代的相互碰撞中，弘扬中华优秀传统文化。

活动内容：

① 工作人员通过简单有趣的经典纹样向大家讲解技巧和方法；

② 学生在了解相关知识后自主选择创作内容；

③ 在工作人员的指导下开始"一画、二绣、三装饰"的绣制工序，完成作品；

④ 成品完成后合影留念。

参与人数：20～25人。

四、染坊

活动名称：艺晒印相。

活动目的：引导学生感受扎染的独特染织个性，体会来自自然的朴素简美，提高手、眼、脑的协调性。让学生感受中国传统手工印染的独特魅力，使民族瑰宝得以发扬光大。

活动内容：

① 学习了解相关文化知识和制作工艺；

② 学生在了解相关内容后自主选择创作方向；

③ 在工作人员的指导下，运用折、压、揉、缝、剪、拆等制作方法，染织成图；

④ 成品完成后合影留念。

参与人数：20～25人。

五、参与方式

活动具体安排（包括报名通道、时间、地点等）届时将以海报和公众号推文的形式发布，可通过添加美育工作QQ群或关注微信公众号获取详细资讯。

活动五：传统手工艺传承与发展主题教育实践

一、活动实施背景

1.活动在实践育人方面的意义

在我国悠久璀璨的历史长河里，不断涌现出风格各异、技艺精妙、类别纷繁的传统手工艺。作为我国悠久文化的载体，传统手工艺按照行业分，有雕塑、首饰、服饰、印染、刺绣、陶器、皮影、木偶、剪纸、风筝、年画等。在互联网技术、移动通信技术蓬勃发展的当下，传统手工艺受到了快餐文化、西式文化的强烈冲击。本项目探索以实践育人的形式，将传统手工艺的传承与发展主题活动同学生思政教育相结合，对保护和弘扬传统手工艺有一定的积极意义。

同时，在主题实践活动实施过程中，不仅能培养艺术类学生的专业技能、实践动手能力，还能够培养学生在活动中自主探究、自主学习的能力，自发增强对优秀传统文化的认同感、树立文化自信，达到"润物细无声"的思政育人效果。

2.已有基础

学科基础：本项目具有扎实的学科背景，艺术设计学院已成立6个传统手工艺实验室（古陶瓷修复实验室、手工艺设计实验室、古琉璃工艺实验室、玉雕实验室、陶艺与版画PI团队、木艺与漆艺PI团队）。现有实验室可以为传统手工艺实践活动提供可靠的技术支持，确保实践活动的顺利开展。此外，学生的课程中设置了多种与传统手工艺相关的课程。例如，壁画(浮雕)、中国工艺美术史、民间艺术考察、民间艺术与设计、陶艺设计实验、国画（白描）、丝网印刷工艺与制作实践等。

实践基础：2018年起，由湖北省工艺美术研究所高级工程师、湖北省汉绣传承大师杨晓婷女士带领自己的汉绣团队，来到艺术设计学院讲授汉绣的历史、刺绣的基本要领和创作方法等。她与学院手工艺PI团队负责人王欣老师联合授课，动手做设计。邀请湖北省文物交流信息中心李奇来我院开办古陶瓷修复技艺培训、高级工艺美术师韩骥及其团队来我院开办"古法琉璃脱蜡铸造技艺培训班"、武汉左堂建筑装饰设计工程有限公司董事长左世宏和师生一起讨论吉庆街改造设计方案、国内玉雕大师来我院开展玉石巧色雕刻授课等。

智力积累：本项目有良好的软件环境支持。6个手工艺实验室所在的公共艺术专业已有40年办学历史，长期的研究积累使师生不仅掌握了专业手工艺技能，还对手工艺产生了深切的情感与深刻的理解。我院在传统手工艺实践领域，共获得国家艺术基金3项（玉石巧色雕刻人才培养、古陶瓷修复青年人才培养、漆艺青年艺术创作人才培养），这些都是已有的开展手工艺实践活动的智力资源。

实践经历：学院将外出采风、考察等实践类课程纳入培养计划。每一届学生大学一年级下学期的写生及大学四年级采风考察的目的地为敦煌莫高窟、凤凰古镇、景德镇等传统文化氛围浓厚的历史文化胜地或手工艺名城，学生通过参观、感受、体验、撰写实践报告，积累了对中华传统文化现状的认识，培养了独到的审美，激发了他们了解传统文化的兴趣与传承和发展传统手工艺的愿望。

二、活动目标及主要内容

1.目标

（1）提升实践能力

通过组织学生参加传统手工艺传承与发展主题教育实践系列活动，提高学生以动手能力为核心的专业技能。与此同时，提升学生运用专业所学，为传统手工艺在当代的创新与发展提供解决方案的能力。

（2）加强思想引领

通过学习传统手工艺技巧，使学生感悟"工匠精神"中蕴含的精益求精、持之以恒、爱岗敬业等优秀品质，使社会主义核心价值观在潜移默化中内化进学生的心灵，外化为他们爱国、敬业的行为，促使学生自觉加入践行社会主义核心价值观生力军中。

近年来，整个社会对美育的重视明显提升。习近平总书记2018年8月30日，在给中央美术学院8位老教授的回信中指出：美育对塑造美好心灵具有重要作用，作为教育工作者，要坚持立德树人，弘扬中华美育精神，让祖国青年一代身心都健康成长。对美育的实施来说，增加新课程和改善教育方式固然重要，但更重要的是为学生搭建自我学习的平台，激发他们内在动力。本项目旨在为学生搭建体验、学习传统手工艺的平台，通过动手参与实践，学生得到美的熏陶，以美育人、以文化人的目的于无形中实现。

此外，在当今大环境下，优秀传统文化的传承与发展后继无人的现象比比皆是。大学校园是文化传习的场所，青年学生是学习、传播优秀传统文化的中坚力量。开展传统手工艺传承与发展实践，旨在加深学生对中华优秀传统文化的认同感，促使他们主动思考如何传播传统文化，致力于用传统手工艺服务于人民的生活，更好地满足人民日益增长的美好生活需要，担当起文化发展与繁荣的历史使命。

（3）深化理论研究

通过持续开展传统手工艺传承与发展主题教育实践活动，不断总结经验，汲取其他组织或高校相关活动的优秀做法，优化实施方案，努力探索传统手工艺传承与发展实践育人的长效机制，努力形成可辐射、可推广的实践育人经验和成果，并以论文的形式总结。

2.主要内容

（1）探索多角度实践育人方式

学：考察技能。依托湖北工业大学非物质文化遗产研究中心和艺术设计学院手工艺设计实验室，利用短学期实践，组织学生赴"枣阳粗布工艺传承中心""湖北省十大艺术沙龙-杨小婷汉绣研究室"等传统手工艺生产一线进行参观、体验。建立传统手工艺实践基地，开办大师课堂，引导学生向传统手工艺大师学习手工艺技法，增强学生的专业实践动手能力。

悟：考察文化。组织学生考察一线传统手工艺生产基地，引导在亲手操练传统手工艺技巧时，感受技艺背后蕴藏的中华优秀传统文化的魅力，加深对中华优秀传统文化的认同感；去体会传统手工艺大师的精益求精、持之以恒等工匠精神。

传：考察传统手工艺生存现状。组织学生通过摄影、录像、文字记录等方式大力传播、弘扬优秀传统手工艺文化，将自己接受到的美的熏陶传递给更多人；组织优秀传统手工艺进学校、进社区活动，让更多的人有机会体验传统手工艺技能，领悟传统文化的美，自觉加入传统手工艺保护、传承的队伍中来。

创：考察传统手工艺创新发展之路。与"百布堂手工家纺"等一批以传统手工艺为核心技术的企业签订实践育人框架协议，引导学生在充分调研当前民众需求的前提下，利用专业所学致力于传统手工艺见人、见物、见生活，为传统手工艺融入现代生活，满足人民日益增长的对美好生活的需要出一份力，助力传统文化在新时代的创造性转化、创新性发展。

（2）构建传统手工艺传承与发展实践育人长效机制

平台建设：在现有平台（湖北工业大学非物质文化遗产研究中心、手工艺设计实验室、古陶瓷修复实验室、陶艺与版画PI团队、木艺与漆艺PI团队、琉璃工艺实验室、玉雕实验室）基础上，成立传统手工艺传承与发展实践育人中心，并以此为阵地开展传统手工艺实践考察系列活动。

组织保障：由艺术设计学院学生工作办公室思政工作团队牵头，成立传统手工艺传承与发展实践育人工作组，负责中心各项活动的设计与实施。工作组面向全体学生进行招募，吸纳对传统手工艺传承与发展实践兴趣浓、热情高、干劲儿足的学生，并邀请艺术设计学院手工艺设计实验室等团队教师为实践活动提供技术指导，各方分工协作，确保实践活动的顺利开展。

经费保障：深入开展传统手工艺传承与创新实践育人项目需要稳定的经费支持。工作组一方面积极向校院争取经费支持；另一方面努力拓展校外相关合作企业资金支持，从而保障实践活动各项开支。

三、创新特色

1.育人载体发生转变

传统手工艺传承与发展实践以思政工作为引领，学生从单纯学习技能转变为参加有情怀、有温度、有担当的传统文化实践活动，自觉增强了使命感和自豪感。

2.育人手段发生转变

平时里，大学生主要通过理论讲授接受教育，传统手工艺传承与发展实践活动是结合专业特色开展的传统文化主题教育实践。学生能将课堂所学关于传统文化传承与保护的知识运用于实践，用实实在在的行动践行传统手工艺的传承与发展，真正做到知行合一，行提升知，大大提升了育人实效。

四、实施进度安排

第一阶段：通过问卷、访谈等方式收集学生对传统手工艺的了解情况，以及对活动设计的意见和建议，加以分析，以便更有针对性地设计活动方案与安排前期准备工作。

第二阶段：具体开展传统手工艺考察实践，其间引导学生对传统手工艺技能、文化、发展现状和存在的问题进行体验、考察、思考，作为后期开展手工艺发展创新活动的积累。

第三阶段：收集学生前期活动反馈，形成阶段性调研报告。

第四阶段：通过问卷、访谈等方式收集在校师生和附近社区群众对传统手工艺的认识，以及对传播与发展传统手工艺文化的期待，以便有针对性地设计下一步实践方案。将调研结果进行总结分析，以使下一步备用。

第五阶段：进到学校、社区开展传统手工艺宣传实践活动，与前期考察的传统手工艺企业合作，开展手工艺创新发展实践活动。

第六阶段：对各阶段实践活动进行总结，撰写成果论文和结题报告。总结前期实践经验，改进完善实践方案，以便实践活动后续持续开展。

第三／章

增强社会连接，
实施有广度的美育

2012年，《教育部等部门关于进一步加强高校实践育人工作的若干意见》进一步明确了高校实践育人工作的重要性，对推进实践育人各项工作进行了统筹部署。进一步加强高校实践育人工作，是全面落实党的教育方针，把社会主义核心价值观贯穿于国民教育全过程，深入实施素质教育，大力提高高等教育质量的必然要求。党和国家历来高度重视实践育人工作。我国的教育，坚持教育与生产劳动和社会实践相结合；坚持理论学习、创新思维与社会实践相统一；坚持向实践学习、向人民群众学习。这意思是指，鼓励大学生利用社会实践的机会走向基层、走进农村，开展劳动实践，在实践中砥砺品质、增长才干、了解国情，自觉成长为社会主义事业的建设者和接班人。

全部社会生活在本质上是实践的。人类在特定的历史条件下作为主体参加社会实践活动，在这个过程中，人类借助特定的手段和中介来探索社会，实现对客观现实世界的探索和改造，继而推动社会的进步。大学生社会实践是社会实践中的一个细小分支，二者是从属关系。马克思认为，社会实践是指人类所开展的一切改造世界的活动。大学生社会实践不论从实践主体、实践形式、实践范围、实践内容还是实践目的，都在社会实践的基础上都有着更加具体的规定。下面，本节将尝试从实践主体、实践形式、实践内容和实践目的等多个角度对大学生社会实践的概念予以阐释。

从实践主体的角度来说，大学生社会实践是指大学生作为主体参与到课堂以外、校园之外的活动中；从实践形式的角度来说，大学生社会实践是由高校组织、校学生工作相关部门主管、由思政课教师或辅导员指导带队的，与校外特定实践基地对接开展的大学生校外活动；从实践内容来看，大学生社会实践所包含的类型主要有社会调研、志愿服务、参观访问几大类；从实践目的来看，大学生社会实践是全面落实党的教育方针，提升高等教育质量，培养能适应社会需要、具有较强综合素质的人才而开展的有组织、有计划、有目标的大学生素质教育活动。

一、
高校层面的意义

大学生社会实践有着多方面的重要意义。从高校层面来看，高等学校的主要职责为人才培养、科学研究、社会服务与文化传承创新。人才培养是其中一条重要职责。人才培养是育人和育才相统一的过程，育人是根本。新时代教育的根本任务是"立德树人"，也充分说明了教育应重视"育"的过程。2018年9月10日，全国教育大会在京召开，会上习近平总书记发表重要讲话时强调，要培养德智体美劳全面发展的社会主义建设者和接班人。在谈到如何培养人这一问题时，习近平总书记对全体教师提出了"六个下功夫"的要求，即在坚定理想信念上下功夫，在厚植爱国主义情怀上下功夫，在加强品德修养上下功夫，在增长知识见识上下功夫，在培养奋斗精神上下功夫，在增强综合素质上下功夫。不论是"德智体美劳全面发展"还是"六个下功夫"，都为新时代高等教育的人才培养指明了方向和路径。

高校实施教育的主渠道是课堂教学，但课外活动与社会实践是十分有益的补充。社会是一个生动、鲜活的大课堂，校园之外发生的事件、开展的走访调研、实施的志愿服务等既能带给青年学生新鲜感和吸引力，也因为真实、生动、鲜活、有温度而自带感染力，从而让青年学生于无形中受到感染与带动，主动了解人民生活、社会现状，主动思考社会发展面临的困扰与国家发展所需解决的问题，从而对人民、社会、国家、世界有更深入的思考，有紧密的连接，自觉自愿投身到社会主义事业建设洪流中去。就高校人才培养质量而言，不论什么样的高校，人才培养质量都是检验办学成果的重要维度。而人才培养质量由谁说了算，由什么说了算？答案是，由人民说了算，由是否服务于社会发展需求说了算。

二、
大学生层面的意义

从大学生个人层面来看，社会实践给大学生提供了一个有别于课堂学习的机会，大学生学习的场所不再局限于校园内、课堂上，而是将整个社会的各个场所当成可以学习知识、提高能力的地方。课堂学习能帮助大学生掌握理论知识，而社会实践则是运用理论知识解决实际问题的过程，侧重于行动。由课堂学习拓展到社会实践，是知与行的有机结合。知行合一，有助于大学生更加深刻，更加灵活地掌握理论知识，也有利于大学生主动探索社会发展的客观规律，自觉提升社会服务意识、社会责任感和使命感。

国家提出培养德智体美劳全面发展的社会主义建设者和接班人的要求，全面发展就是要具有高尚的道德品质、扎实的专业知识、强健的体魄、较高的文化素养。要实现这些人才培养目标，增强与社会的连接，鼓励大学生积极投身社会实践是一条重要而有效的实施路径。

参加社会实践，大学生能深入农村等基层地区和单位进行调查、研究，亲自了解基层老百姓的需求，调研某一个理论知识在实际生产生活中的运用情况。生动的一手调研资料能更有效地激发他们去运用所学知识服务于社会需求的愿望，还能有效提高新时代大学生的科技创新能力，使得大学生的科技创新能力与实际生产生活更好地接轨。

除此之外，参加社会实践给新时代的青年大学生提供了一个与人民群众密切接触的机会。新时代的大学生是名副其实的网络"原住民"，他们对世界的了解和认知很大程度上来源于网络，虽然这从某种程度上能拓展他们获取知识的渠道，但从另一方面来看，也剥夺了他们感受真实的权利。网络信息都是经过媒体筛选、加工、处理过的，不可谓不真实，但在大学生们接触到之前，信息已经被"嚼过"了，那些最能触动人心的真实，令人感动的、令人愤怒的、令人怜悯的、令人欢欣鼓舞的场景都像是被加上了一层雾蒙蒙的帘子，又像是被录像之后再播放给他们看，缺少了那些"现场版"才能带来的心灵的触动与灵魂的震撼。

参加社会实践，鼓励青年大学生走出学校，走进农村、工厂、社区等基层一线，让大学生的双脚踩在祖国辽阔而真实的土地上，了解真实的农村、农民、农业发展情况，了解工厂生产遇到的实际困难，了解国家政策与人民群众生活的影响关联，了解普通百姓生活中的喜、怒、哀、乐，有助于大学生们形成对社会的真实而立体的认知，有利于更有效地对他们进行理想信念教育、爱国主义教育、公民道德素质教育，进而提升大学生的思想政治素质和道德品质，促进新时代大学生的全面发展，更全面地塑造大学生的世界观、人生观和价值观。

积极参加社会实践是促进大学生就业、提高大学生就业竞争力、提高就业质量、缓解就业压力的有效途径。近年来，随着人们物质生活水平的提高，就业岗位的结构与数量发生了变化，这些都影响了大学毕业生的求职积极性与求职效果。相当一部分家庭经济状况较好的学生中间产生了慢就业、不就业的心理，求职积极性较低。在就业季，用人单位组织专场招聘会，工作人员数量比来参加招聘会的毕业生人数还多的现象时有发生。促进大学生就业，提升他们的就业积极性，引导他们走出舒适圈，树立正确的就业观念，勇敢地接受社会的挑战是高校思想政治教育工作的重点和难点之一。

通过访谈与分析，大学生慢就业、不就业心理产生的原因部分来自他们对社会的未知所带来的恐惧。新时代的大学生相较于以往年代的大学生，由于独生子女占大多数，不论是家庭还是学校都视为掌中宝，生怕有丝毫闪失，于是不论男生女生都被全方位保护。来自家庭和学校的用心良苦的确使他们能更加安心地专注于学习，但无形中也使他们与社会接触的机会大大减少。像是农作物被罩上了一个温室大棚一样，农作物的果子变得更好看了，收成也增加了，但是与未在大棚里成长、经历风吹日晒自然成熟的蔬菜、水果相比，总是少了些"味道"。长期不与社会"正面接触"，鲜有机会与社会"切磋"，大学生们难免产生不适应与"怯场"的感觉。解决的办法只有一个，那就是制造机会让大学生们走进社会、感知社会、了解社会，向社会学习，在社会中成长。

通过积极建立与社会的连接，大学生们能更直观地感受到人民群众的生活疾苦、赚钱不易，让他们自觉摒除先前所抱有的对世界美好却不切实际的幻想，在理想与现实之间寻求一种平衡。通过积极参与社会生活与生产劳动，他们就能明白物质条件上的不足也不是什么大不了的事，在远大理想与历史使命面前，吃苦流汗都不算什么，踏踏实实一步一个脚印地往前走才是实现人生价值的必由之路。社会实践的磨炼，将使大学生们更愿意走出校园，走进社会，走到群众中去，客观地认识就业形势，理性地对待就业压力。从而更愿意从基础岗位干起，提升了勇气，调整了就业期待，为促进大学生就业打下基础。

三、
社会层面的意义

除了调整大学生的就业观念，引导他们积极就业以外，高校还肩负着提高大学生就业竞争力、提升就业质量的责任。提升就业质量，简单来说就是不仅要"想就业"，还要能"能就业""就好业"。想要"能就业""就好业"，需要在专业能力、人际交往和创新意识等方面全面发展。

校内学习能为专业知识的积累打下坚实的基础，但是"活学"还要"活用"，学习的最终目的是能"致用"。以笔者所在学院的环境设计专业学习为例。该专业的就业方向之一是室内装饰设计公司，从事室内设计。要想达到用人单位的招聘要求，仅仅学好课本上的知识是远远不够的。一个设计好不好，绝不仅仅在于设计图画得美不美，也不仅仅在于设计者的构想是否完美，而应该紧紧围绕国家的最新政策、客户的实际需求。除了要考虑设计本身，还要兼顾现场施工的工艺水平、材料、成本等。这些，是在校园内、课堂上很难真正学到、真正学懂的，而社会实践则能作为很好的补充与延伸。通过参加专业类的社会实践，大学生参加专业相关的企业或单位组织的实习实践活动，亲身参与或跟学真实的室内装修案例，亲自去量一次房、主动与甲方沟通一次……完整体验一次这样的真实案例的学习效果远胜于校内学习。当然，这并非否定课堂对专业学习的价值，而是在讨论如何更好地与社会、与用人单位接轨的问题。

专业社会实践除了能给大学生带来真实的专业体验以外，还能反过来指导理论学习，对理论进行拓展与深化。通过真实地融入专业环境，大学生们能了解当下社会的真实需求，把握当下专业领域最前沿的发展动向，判断自己是否真的喜欢并愿意将当前专业作为毕生职业。当结束社会实践返回学校时，他们能更清晰地规划今后的专业发展之路，也能结合自己的亲身感受，更专注、高效、准确地投入专业学习中。

参加社会实践还有助于大学生提高人际沟通能力。人际沟通能力是用人单位公认的职场重要素质之一。由于互联网的快速发展，微博、微信、微视频等网络平台已成为当今青年学生群体生活方式的一部分，相较于面对面交流，他们更习惯也更擅长线上交流。用现在青年学生中间流行的话来说，他们在网上很有可能是拥有上万粉丝的"社牛"，但一回到现实生活中，他们很有可能秒变手足无措、吞吐紧张的"社恐"。但人终究是生活在一个活生生的可触可感的现实世界中，学习、修炼人际沟通这门人生必修课是我们一生努力的内容之一。学习人际沟通跟学习游泳一个道理。有人说，要教会一个人学游泳最好也是最快的方式就是将他推到水里去，求生的本能会让他以最短的时间学会这项技能。提升人际沟通能力也是一样。校园里，如果不想与人交流，也许还能做到"独善其身"，自顾自过好自己的生活，周围的老师、同学也许还会照顾你学生的身份不予以苛责，甚至还能包容你。但当真正走进社会，迈入职场，鲜有人有时间和精力站在你的角度理解包容你，如果不沟通，不仅容易给人留下高傲、情商低的坏印象，影响个人发展，还有可能直接因

"不合群"而被孤立，导致个人朋友圈陷入"危机"。社会实践则能为大学生提供一个"强制社交"的机会。在实践中，大学生们会遇到不同年龄层、不同背景的同事，因为工作合作与交叉，沟通与交流是必不可少的。会沟通，则能事半功倍；不会沟通，则可能导致自我封闭与狭隘，既影响了工作，也妨碍了个人成长。

创新创造能力在新时代被认为是大学生成长成才应该具备的关键素质之一。良好的创新创造能力是在一次又一次的实践中被激发出来的。参加科技文化竞赛、"互联网+"大学生创新创业大赛等社会实践活动，不仅有利于提高大学生的专业素养，还有利于大学生更加深入地了解社会、认识社会、融入社会，激发创新创造活力，积累创新创业经验，提高大学生的就业竞争力，提升就业质量。大学素有象牙塔之称，虽然大学是学术圣地，但在以前，因为远离社会，大学的发展及人才培养与社会发展出现不相适应甚至脱节的现象时有发生。大学毕业生的能力与社会用人单位的要求不匹配，对社会发展的本质及特点认识不深入，知识有余而能力不足，综合素质较差，不能满足国家与社会发展进步的要求。在此背景下，国家提出进一步加强和改进高校社会实践工作，加强实践育人。充分利用大学阶段对于大学生习得社会化行为、进行社会化转变的重要作用，全面挖掘、拓展社会实践岗位，引导每一个学生找到适合自己特点的、符合自身成长发展期待的社会实践机会，从而为更好地适应社会发展、履行社会义务、为社会发展做贡献打下坚实的基础。

建设教育强国是中华民族伟大复兴的基础工程，必须把教育事业放在优先位置，加快教育现代化，办好人民满意的教育。要办好人民满意的教育，必须坚持以人民为中心的发展思想，不断促进人的全面发展。美育是纯洁道德、丰富精神的重要源泉，是党的教育方针的重要组成部分，是实施素质教育的重要内容。对学生进行审美教育，提高学生的审美素养与人文精神，陶冶高尚的情操，培育深厚的民族情感，激发创新意识与创造能力，才能真正办好人民满意的教育，为祖国、为人民培养出更多德、智、体、美、劳全面发展的社会主义事业合格建设者与可靠接班人。

近年来，国家高度重视美育，出台了多部文件，明确了美育在教育中的重要作用，指出美育对于培养全面发展人才的重要意义，美育得到了前所未有的关注与重视。政策上的支持，使得美育教育不论是在理论研究还是实践建设方面都获得了长足的发展，取得了一定的成果。但是整体而言，截至目前，美育仍是我国整个教育事业中的薄弱环节。2015年，《国务院办公厅关于全面加强和改进学校美育工作的意见》要求学校美育教育加强实践活动环节，为学校美育的进一步发展指明了方向。这是要求各级各类学校通过加强美育实践来探索提升新时代学校美育教育的途径。作为美育主阵地之一的高校美育，同样存在实践不足、与社会严重脱节的现象，美育的社会功能没有充分发挥，美育实践育人的路径还有待丰富与拓展。

社会实践是大学生在校期间按照高等教育培养目标的要求，对大学生进行的有组织、有计划、有目的地走向社会、深入社会、参与到社会发展中，以达到了解国情、增长才干、接受教育、做出贡献的一系列教育实践活动的总称。社会实践对于青年学生成长成才有着极其重要的作用。习近平总书记年轻时在陕北的梁家河插队当知青，就真正做到了与人民群众同吃、同住、同劳动，在实实在在的生产劳动实践中接了地气、磨炼了意志、了解了实际的国情。他也曾多次通过座谈、回信等方式鼓励青年们去基层一线接受实践锻炼，勉励青年学生既要向书本学习，也要向实践学习，鼓励广大青年到基层去，到西部去，到祖国最需要的地方去，让青春之花绽放在祖国最需要的地方，勉励青年一代要扎根基层。只有到社会中与群众打成一片、扭到一起，产生了社会责任感，才能获得真知灼见。到基层去磨炼、去"接地气"、去"自找苦吃"，在实践中锻炼提高分析问题和解决问题的能力。这些论述都充分说明了社会实践对于青年大学生成长的重要作用。具体到美育教育而言，社会实践对于美育的意义主要表现为以下两个方面。

一、
社会实践是高校美育教育
重要的内容来源

社会实践是美育知识的来源。知识来源于实践，能力来源于实践，人的素质更需要在实践中训练、养成。美育知识是前人根据自己的生活阅历和亲身感悟总结得出，并通过社会实践的反复反馈、修正、演化后，以经验的方式向后人传递的。人们关于美的理解、态度、看法、心得和体会等，都是基于实实在在的生活，在生活中经历、感受、总结得来的，是由物质上升到精神的过程。高校美育教育的目标是提升青年学生的审美素养和人文精神，以审美和艺术的方式，以中华优秀传统文化、革命文化、社会主义先进文化为内容，面向大学生开展理想信念教育、爱国主义教育、社会主义核心价值观教育，培养具有人文关怀、积极向上、开朗乐观、独立自主、热情洒脱、开拓创新特质的当代大学生。

而文化是在具体的社会事件的酝酿、发生、总结中产生的，文化的传承靠的不仅是课堂讲授，更需要通过社会实践的方式引导青年学生亲身体验、感悟、总结，加以内化后予以传承和发扬。在社会实践中，大学生可能通过参观一个历史遗址、从事某项具体的工作、经历某个具体的事件学到知识，心灵得以熏陶，情感得以触动，精神得到升华，受到美的感召。社会这个大课堂能给大学生带来的滋润与启发远比课堂讲授来得鲜活、生动、有感染力多了。

以"建党百年，寻访优秀共产党员主题社会实践"为例。通过组织大学生访谈身边各行各业的优秀中共党员，深入了解优秀中共党员坚定信念、拼搏奉献、廉洁奉公的高尚品质与崇高精神，通过挖掘他们的感人事迹，引导青年大学生理解这样的人生就是"美"的，并自觉从中汲取精神养分，自觉为实现中华民族伟大复兴的中国梦而奋斗，坚定为第二个百年奋斗目标矢志奋斗的决心。

二、
社会实践是高校落实以美育人的有效途径

高校落实以美育人的主渠道通常是课堂讲授加校园文化活动。这固然能取得一定的效果，但高校美育教育不仅仅包含美育知识和技能的传授，这只是其中一部分内容，是开展美育教育的重要基础。除此之外，还应当为大学生创设一种真实的、自然的审美环境。课堂讲授和校园文化活动带来的终归只是间接的体验，由于形式单调、内容常年变化不大，与新时代大学生思想活跃、富有创造力的特点和期待脱

节。而参加社会实践，学生浸润在真实的社会环境中，经历着真实的社会事件，直观、生动的事件更容易被大学生理解和接受，更容易让他们感受美的真谛。真实的氛围更能引起大学生的情感共鸣，更能启发他们对美的感悟，更能促进他们追求美的行动，在美的熏陶与浸润中自觉完成美育素质的内化过程，实现以美育人的目标。

以社区防疫志愿服务实践为例。尽管高校通过各种渠道和方式让大学生了解诸如"疫情防控的严峻形势，疫情常态化防控的工作要求，疫情对人民群众生活的影响，国家以人民为上、以生命为大的承诺是如何兑现"的种种情况，以课堂讲授、班会讨论、知识竞赛、演讲比赛等形式尽力上好疫情防控思政大课，但学生们对于疫情防控工作的整体理解和把握，对防疫工作的危险与艰苦，对疫情防控对于整个国家、全体人民的重要价值，对小我与大我、个人与集体之间关系的处理，对个人能力融入国家发展的使命感的体会，大部分只能停留在表层的知识性了解和肤浅的感观认知上，远不够深刻。但是，如果让疫情防控大课走出校园、走进社会，效果就会很不一样。

开展社区防疫志愿服务实践活动，组织学生回到家乡，走进自家所在的社区，协助组织或参与社区疫情防控相关工作，为因疫情原因而进行封控管理的楼栋提供信息统计、送水送药送食物等志愿服务，大学生们会亲身体会到社区防疫志愿者工作的辛苦，感受到国家为了人民的安全所

做出的政策部署的有效性和可行性。协助医务人员开展核酸检测工作，体会全程戴上口罩、穿上防护服、站在太阳底下维持核酸检测队伍秩序时的闷热难耐，顿时就能对医务人员"全副武装"却要很长时间保持同一个动作的辛苦感同身受。协助社区工作人员开展疫苗接种与防疫知识宣传，给未接种疫苗的小区居民做思想工作却被不理解、不予理睬甚至抱怨、反感时，就能真切地感受到疫情防控工作的难度；就能想象出基层工作人员为疫情防控工作所做出的巨大贡献，就能理解"没有所谓的岁月静好，只不过是有人为你负重前行"这句话所包含的伟大精神与敬佩之情；就能当再次回到学校时，对学校的疫情防控工作多一份发自内心的理解和出于自觉的行动支持。

社会大课堂总是比校园小课堂更能带给人看似平凡，但却真实而震撼的说服力。当代青年的爱国热情、使命担当、心怀祖国与心系人民，这些平日里只会在课本上看到、课堂上听到的道理，在社会实践中，将通过认认真真地听、真真切切地看、实实在在地做、诚心诚意地感，而自然而然地流入大学生的心里，在他们心中激荡起美的涟漪，徐徐荡漾开来，一层一层，轻轻拍打着青年学子的心灵，自然而有力量。潜移默化中塑造着他们的世界观、人生观与价值观，也能让他们更加热爱生活、热爱人民、热爱祖国。

通过增强社会连接，改进高校美育社会实践，可以提高大学生审美素养、陶冶高尚情操、培育深厚的民族情感、激发创新意识与创造能力，完成审美素质内在化的过程。高校通过增强社会连接提升美育工作的实效，可以从以下几个方面着手。

一、统一思想认识

高校应树立"将美育与大学生社会实践相结合，是提升高校美育实效性的重要途径之一"的认识。跳出"艺术教育等同于美育"的误区，在学校开展各项美育活动之余，积极组织开展校外美育社会实践活动，通过制定专项政策和具体措施，调动和协调高校、师生、社会等方面协同开展美育社会实践活动的积极性，并为实践活动的顺利落实创造有利条件。大学生通过深入基层单位、社区、乡村等开展考察、调研、亲身体验等实践活动，了解风土人情，欣赏自然风光，触碰时代变化，感受国家改革发展所取得的成就，有助于大学生树立正确的审美观念，增强传承和弘扬中华优秀传统文化的责任感和使命感，坚定社会主义道路自信、理论信息、制度自信、文化自信，增强民族自豪感，凝聚起为实现中华民族伟大复兴的中国梦奋力拼搏的强大动力。同时，美育实践把理论知识同社会现实有机结合，充分体现了美育教育的社会功能，真正达到学校、家庭、社会、学生本人协同育人。

二、构建规范化流程

美育社会实践活动需要对实施流程进行规范化设计，

包括活动主题、活动目标、组织形式、活动基地、实施方案等，形成可迁移、可复制的规范化流程，以避免活动实施过程过于随意，不仅影响实践效果，还动摇参与学生的信任。美育实践活动的主题应紧跟时代步伐，弘扬主旋律，传播正能量，从民族精神、时代精神、社会主义核心价值观中挖掘、确立活动主题与立意，贯穿始终。活动目标紧随活动主题而制定，是美育实践在该宏大主题下的阶段性细分。每一个美育实践活动都应该确立明确的目标，以"以美育人"为终极目标，将育人总目标进行分解，找到合适的实施载体予以支撑，通过完成一个个小目标，一步步达成总目标。有了明确的目标，美育实践就会更成体系。

美育实践活动的形式包括社会调研、暑期"三下乡"社会实践、学生社团活动、艺术展演、第二课堂活动等。想要美育实践活动产生效果，前提是大学生愿意参加。但随着互联网的快速发展，青年学生与外界交流、获取信息的渠道已经转为线上，线下开展的校园文化活动对于青年大学生的吸引力呈下降趋势。因此，美育实践活动的形式应该尽量丰富多彩，贴近青年学生的特点，用青年喜闻乐见的形式传播正能量，才能兼顾学生参与度和教育引导功能。

三、
高校美育社会实践要走专业化道路

美育社会实践是一项需要协调社会、学校、教师、学生多方关系，涉及面广，情况复杂的综合性工作，对设计、策划、组织、实施的人的综合能力和专业水平均提出了很高的要求。另一方面，高校美育社会实践的终极目标是育人，实践的各个环节都要严格遵循教育规律，严格把控教育内容，严肃对待教育过程，不能有丝毫马虎。

鉴于此，高校美育社会实践工作必须配备纪律严、作风正、业务精、能力强的专业化人才，组成指导团队。高校的党政干部、辅导员、班导师、共青团干部、思政课专业教师都可以通过选聘进入指导团队，负责指导各项美育社会实践活动的开展。值得注意的是，有的美育社会实践活动专业性较强，除了对组织实施过程要求较高，还需要有懂得相关专业技术的人才给予技术指导才能顺利实施，这时，就需要将校内外相关专家请进指导团队。与之类似的还有一种情况，当美育社会实践助力乡村振兴时，这里的"专家"就不仅局限于校内外的"专家教授"了，而应该做到因事而化、因势而新、因地制宜，邀请当地的"行家里手"进入指导团队。

此外，指导团队应制定规范的制度加以管理，并不断创新工作方法，调整工作思路，适应时代要求，使美育社会实践顺应时代要求、引领青少年发展、常做常新。对于高校来说，要加大美育社会实践指导团队的管理、培训力度，支持美育工作者的进修和学习交流活动，不断提高美育社会实践指导队伍的整体水平，进而提升实践活动的育人能力、育人水平与育人效果。

四、
完善美育社会实践考核评价体系

社会实践是落实以美育人的重要途径，但由于其大多数在课堂外甚至校外开展，比起课堂学习和校园文化活动，会占用更多的时间。加之社会实践目的地环境条件往往比较艰苦，对教师和学生来说都是考验，于是高校师生参与美育社会实践的积极性还有待提高。

针对这种情况，高校可实行导师制来吸引优秀教师加入团队。对教师指导、参与美育社会实践，通过实践产出科研成果，指导实践团队取得一定的成绩或得到各级官方组织认可的，给予适当奖励，计入教师年度考核工作量；对取得突出成绩的，甚至可以考虑在教师评聘、职称晋升过程中作为加分条件。这在一定程度上，能调动教师参与的积极性，提高实践育人的实效性。另一方面，学生参加实践活动的积极性也需要调动。可以从入口关、过程管理和出口关三个方面入手。

入口关，是指美育社会实践活动要努力提高吸引力。要提高吸引力，宣传要做好，要抓住大学生的心理。因此，在策划活动之前，需对潜在参与群体进行充分调研，了解他们的真实想法，对当前的美育实践活动抱什么样的态度，有什么意见和建议，希望参加什么样的实践，等等。结合收集、整理的意见、建议策划制定活动实施方案，就能从根本上避免踩"坑"。

此外，要提高面向潜在参与对象所发布的活动招募宣传资料的质量，需要在宣传内容和形式两个方面下功夫。宣传内容要抓住青年大学生的发展需求，找到参与美育社会实践与提高大学生关注的能力素质之间的关系。如果能用一些往期实践活动的详细开展情况作为真实案例进行说明，相信会更生动、更有说服力。例如，在美育暑期"三下乡"社会实践活动人员招募时，单单介绍即将开展的这次实践活动的相关情况是不够的，学生们除了想知道如果参与实践他们需要做什么以外，还会关心以前参与的学长学姐们都是怎么做的，取得了什么成果，以便做到心中有数，对努力的方向、路径会有更清晰的规划。因此，活动的宣传页上还应当加上往期实践的精彩回放、实践活动获得的荣誉及参与的学生凭借该实践所获得的荣誉等。榜样的激励和号召，有时能胜过苦口婆心地劝说和引导，学生们会更加自觉自愿参与进来，获得感更强。另外，还要增强活动宣传形式的吸引力与实效性。新时代大学生思想政治教育工作要用好网络阵地。尤其在互联网飞速发展的今天，线下摆点宣传作为传统的宣传方式，能在某种程度上起到营造氛围的作用，但覆盖面、力度和效率远远落后于新媒体平台。因此，建议采用传统媒介与新媒体平台相结合的宣传方式，用线下摆点分发宣传资料的方式带动校园氛围，用新媒体平台、自媒体等渠道，以文字、图片、视频相结合的形式将参与美育实践的优势展现出来，以吸引大学生们自觉加入。

过程管理则是指记录和评价大学生在实践过程中的综合表现。一方面作为过程管理与监督，另一方面学生的过程表现可作为评价考核的支撑材料。采取定性与定量相结合的方式，将学生的过程表现和实践成果均予以录入、记载，借助互联网等技术手段，动态评价美育社会实践活动的成绩，简化过程管理的操作流程，提高效率。

出口关，是指重视美育社会实践的成果总结和展示环节。实践的每个阶段结束时，指导教师应该带领实践团队的学生及时复盘和总结，总结经验和教训，计划下一阶段的实践。对有实践成果的，还应组织学生对实践成果进行总结、汇报、展示，汇报和展示的情况将计入实践成绩。总结、汇报、展示环节，一方面能刺激学生进行反思；另一方面，当学生看到自己的亲身参与的实践有了阶段性成果时，能提升学生的自信心，激发继续参加的欲望。

五、
建设社会实践保障制度

高校应把美育社会实践纳入年度统筹计划和教学计划中，建立起促进美育社会实践活动顺利开展的组织、经费、人员、场地保障体系，为美育实践持续稳定开展提供必要的支撑。在这里对场地保障进一步说明。

社会实践场地一般是较为固定的、长期合作的、校外的某个单位、场所、基地等。场地的选择应把握几个原则。一是与实践内容匹配，能服务于实践所确立的目标。二是实践基地应该尽量固定，以保证美育实践的常态化、长期开展，而不是一次性活动。对一个项目的持续挖掘和耕耘，才有助于开花结果，产生良好的社会效应和实践成果，从长远角度支撑学生成长成才。三是确定实践场地之前，实践团队应实地前往调研、考察、对比，最终确定与美育实践项目最契合的实践基地。美育实践基地还应当多样化，要充分利用当地博物馆、美术馆、历史文化古迹、传统文化传承与研习基地、革命遗址等资源，为学生提供丰富的美育资源，也有助于促进当地社会美育。

辅导员是开展高校思想政治教育工作的重要力量，增强社会连接，大力开展社会实践是落实以美育人的有效路径之一。高校辅导员在组织、指导美育实践时，应始终坚定引导大学生把理论与实践结合起来，坚持知行合一，增加对国情、民情、社情的了解，在实践中树立社会主义核心价值观，在实践中培养社会责任感，在实践中巩固中国特色社会主义道路自信、理论自信、制度自信、文化自信，培养创新意识与创造能力，这是新时代青年成长的必由之路。

具体而言，高校辅导员应该在美育实践工作中如何作为？笔者根据实际工作经验，分享一些体会。

一、
结合专业背景，发挥学科优势与特色

虽然由校院双重管理，但实际工作中，辅导员在二级学院开展日常工作。国家高度重视美育工作，是对全校所有学院的共同要求。不论是艺术类学院，还是非艺术类学院，都应当将落实"以美育人"目标融入人才培养总目标，贯穿在人才培养全过程与各环节。艺术类学院辅导员与非艺术类学院辅导员增强社会连接，落实美育实践育人的路径与方式有各自的特点。

艺术类学院，从学科性质、课程设置等方面天生与"以美育人"有着强关联。艺术类学院辅导员开展美育实践育人的平台与资源颇丰富。从育人初心来看，艺术类学院追求艺术扎根社会、来源于人民、服务人民的风范，倡导心灵浸润与日常生活活动审美化发展，主张艺术价值的深化与育人功能的彰显。这些都与美育社会实践的育人理念和目标正好吻合。在育人方式与手段上，艺术类学院有组织学生写生、采风、生活考察的例行教学安排，需要学生深入基层、深入农村、走到乡村田野、融入群众，感受不同的风土人情，与人民群众交流，这些正是美育社会实践的实施途径。这些相似之处，说明了艺术类学院具有开展美育实践育人独特的优势，在形成具有学院特色的美育实践育人模式上有着天然的基础。

艺术类学院的辅导员可利用学院已有平台与资源，大力开展美育实践育人。其一，以专业为基础，搭建以美育人实践平台。辅导员对所在学院的教学、师资、学生等情况有较全面的了解，同时，因为长期与学院教师、学生相处交流，有着较好的人际基础。借助这些优势，辅导员应当主动作为，寻找学院相关教学安排中可以进行实践拓展的机会，辅导员在其中发挥协调、组织、联络作用，将美育与思想政治教育目标融入其中，组织协调专业教师和学生参与其中。例如，推动专业实践教学环节与校园文化建设相融合，为创造良好的校园美育文化做贡献。利用校园文化活动的阵地、载体和团队等资源，依托专业实践环节，组织开展主题实践活动，如建设校园学生画廊、开办创意集市、举办设计艺术节、举办大学生广告设计大赛等。一方面，为艺术类学院师生提供一个自我反思、自我总结、自我提升的机会，以实践促学习；另一方面，充分利用艺术类学院师资力量和学生特长，加强院系之间的连接与交流，发挥艺术类学院提升学校整体"以美育人"工作实效的功能，为学校整体美育事业的发展贡献力量。

其二，辅导员还可主动发掘、培育美育实践项目，组建实践团队。利用学院艺术类平台与资源，例如传统手工艺设计实验室，结合国家对美育教育和思政教育的期待，以及对思政工作者的要求，探索发掘、培育以实践育人为核心目标的实践项目，根据实际需要招募师生参与，辅导员主导，专业教师技术辅助支撑，学生深度体验与参与。实现以美育人与专业发展之间的良性互动、有机融合，共同促进美育实践育人落实、落地、落细。以开办校园学生画廊，为艺术学院学生进行校内美育实践搭建平台为例，该实践活动方案介绍如下。

美育实践活动：校园学生画廊建设

一、项目意义及创新点

1.项目意义

依托湖北工业大学艺术设计力量，以重要节假日、重大庆典活动为契机，组织学生进行主题艺术创作，遴选优秀学生作品进行集中展示，弘扬主旋律，传播优秀校园文化，营造良好育人环境。

2.创新点

① 将主题教育艺术化，发挥"美育"在校园文化建设中的重要作用。

② 学生作为主体参与其中，将学生从校园文化的被动接受者转化为主动创造者，提升校园文化育人效果。

二、项目实施方案

1.实施目的

① 营造艺术氛围，发挥艺术作品在美育中潜移默化的作用。

② 美化校园环境，彰显湖北工业大学艺术特色。

③ 为我校艺术设计学院学生的艺术作品提供一个新的对外展示与交流的平台，从而促进学生打磨艺术创作能力，创作出更多更好的艺术作品。

2.背景

校园文化：我校历来重视培育优秀校园文化，良好的校园文化能够有效地培养学生的文化素养，而我校艺术设计学院可以发挥艺术优势，助力优秀校园文化建设。

美育：总书记在全国教育大会上提出了"培养德智体美劳全面发展的社会主义建设者和接班人"的重要论断，将"美育"置于重要的地位。我校艺术设计学院的有着深厚的艺术教育积淀，在国家不断强化"美育"的背景下，艺术设计学院的学生可以发挥专业特长，创作出优秀的艺术作品，实现在校大学生涵养品格、完善人格、塑造心灵的目标。

3.准备

① 项目组分析了任务情况，初步组建了一支工作团队，负责组织在校学生进行主题艺术创作，为项目的顺利实施提供了组织保障。

② 艺术设计学院每年策划、布置多场学生优秀创作展，在组织学生进行艺术创作、作品展策划、布置等方面具有丰富经验，为项目成功实施提供专业保障。

4.目标任务

① 逢国家、学校的重大活动、庆典、节假日等，发布主题艺术创作征集通知，面向全体学生征集艺术作品；广泛征集学生日常优秀素描、写生作品等，留存并上墙展示。

② 从征集的学生创作中评选出优秀作品。

③ 对选出的优秀作品集中装裱，布置学生画廊。

5.项目设计

结合国家大政方针和学校育人目标，对项目进行可行性分析：习近平总书记给中央美术学院8位老教授回信强调，弘扬中华美育精神，让祖国青年一代身心都健康成长。这一要求充分体现了美术教育的重要性。美育用优美感人的艺术形象，可以帮助学生形成独特的审美，引导学生认识现实、历史和理想，在审美中感受中华民族优秀的历史与文化，使他们感受到生动的思想品德教育。在这样的背景下建设"学生画廊"，是全面加强和改进学校美育，坚持以美育人、以文化人，使学生在艺术创作中提高审美的有力举措。

对项目实施路径进行设计：选取国家、学校、学院的重大庆典、事件、节假日等，面向全体在校学生征集主题艺术创作；组织专业教师对学生提交的艺术作品进行评选；对优秀作品集中装裱，用于布置艺术画廊；对建设好的学生画廊进行宣传推广，鼓励全校学生参观、交流、探讨，营造出浓厚的艺术氛围。

三、项目可行性分析

工作团队经验丰富，谭蔚老师自2013年入职以来，负责组织、策划、实施艺术设计学院一年一度新生优秀写生作品展，对艺术作品展的组织、策划、实施有着丰富经验。沈续豪等团队成员的艺术创作曾多次参加校内外各级作品展，并获得"优秀作品"称号，对艺术创作和展示有着深刻的理解，同时，作为学生会年级分会主要负责人之一，有着较强的组织能力和责任心。学院支持培育校园文化建设项目，愿提供包括场地、资金和人员在内的必要支持。

四、工作计划与进度安排

1.准备阶段

组建专业团队（包括专业指导教师和学生），商定选取的庆典、事件或节假日的方向、数量及发布主题艺术创作征集的时间，集体讨论后确定实施方案。

2.实施阶段

陆续发布主题艺术创作征集通知，面向全体在校学生征集艺术作品，组织团队回收、评比，择优装裱、布展。积累了一定数量的作品后，可不定期更新学生画廊中展出的作品，在保证展览效果的前提下，使学生画廊的艺术作品类型尽量丰富。

3.宣传阶段

组织团队对学生画廊进行宣传，依托艺术设计学院专业特色与优势，为全校学生提供一个艺术品展示、交流的平台，努力营造出更加浓厚的艺术氛围，为建设美丽校园贡献一份力量。

4.复盘阶段

对已开展的学生画廊进行总结，因国家、校、院大型活动、庆典不断更新，上述流程将在循环中不断改进。

五、项目预期效果及成果形式

1.实物

"学生画廊"正式形成，随着学生优秀艺术作品数量不断积累，可收藏一批装裱精致、质量上乘的学生艺术画作。与此同时，可制作一批《学生画廊优秀作品集》。

2.氛围

通过校、院两级微信公众号进行线上宣传及学生画廊线下参观、讨论、交流等活动的开展，营造浓厚的校园艺术氛围。

在非艺术类学院任职的辅导员，建议用好课程思政的力量，引导学生充分挖掘专业课程中的美育元素，从专业实践中挖掘出"以美育人"的潜力。以党建为桥梁纽带，辅导员对口联系不同系的党支部，参加该系党支部各项活动。一方面通过参与支部活动与专业系部教师加强联络、增进交流，使双方对彼此的工作性质与内容有更深入的理解；另一方面，寻找合适的合作机会，即找到专业课堂教学、实践与美育社会实践的可能结合点，以暑假"三下乡"社会实践、志愿服务大赛等机会，将二者有机融合，重点打造。这样做，专业教师的教学任务不仅完成了，还得到了拓展和深化；学生不仅学到了专业知识，得到了实践锻炼，还提升了审美素养；学院不仅教学工作和思想政治教育"两张皮"问题能得到较好的解决，还在各自原有基础上有了一定的创新和提高，可谓一举多得。

要做到善于挖掘，就要求辅导员有一双慧眼，这对辅导员自身的综合素质提出了较高要求。不仅要对所在学院的专业研究内容、国家政策导向有所了解，还需要对美育教育有较深刻的理解，只有这样才能找准美育融入专业实践教育的切入口。这些需要辅导员在日常工作中做一个有心人，付出较多的时间和精力思考、研究、实践探索，不断摸索经验，形成具有专业特色的美育实践育人模式。

二、
树立品牌意识，
凝聚美育实践发展动能

品牌是对一类活动的特色进行凝练后的集中展现，是长时间积累、总结、思考、探索的结果。树立品牌意识，有助于打响知名度、提升影响力。反过来，也有助于提升参与该品牌活动的学生对活动所传递的价值观的认同感。品牌一般从载体发展而来，高校辅导员的工作中，接触最多的实践载体之一是志愿服务活动。辅导员可以依托青年志愿者协会，结合学院专业背景，打造美育志愿服务实践育人品牌，开展专业美育志愿服务，如美育支教、暑期"三下乡"墙绘志愿服务、非遗文化研习传承活动等。组织学生下乡开展美育支教，深入美育师资相对匮乏、基础教育相对薄弱的乡村学校支教，鼓励学生发挥自身特长为农村审美教育贡献一份力量。在这个过程中，引导参与的学生珍惜学习机会，深入了解农村基础教育，立志为贫困地区美育教育奉献青春，确保学生提高面对困难的勇气、提升解决问题的能

力的同时，精神得以升华。

辅导员在开展美育社会实践时特别要注意本土化的问题，切忌"拍脑袋"和"想当然"，要充分发挥辅导员开展调查、研究、判断后再有针对性地设计实施方案的优势，以实践地的实际情况为变量，量身定制美育实践活动。下面以高校开展乡村振兴美育志愿服务实践的本土化为例进行详细阐述。

乡村振兴，文化先行。乡村文化作为乡村得以延续的根基灵魂，是全面推进乡村振兴的精神之源。高校肩负着服务区域文化与社会发展的使命。高校整合教育、学科、专业、人才等优质资源，以志愿服务为载体开展乡村美育是推进乡村文化建设的重要力量。当前美育志愿服务产生于乡村之外，内容上与乡村传统文化的融合欠佳，形式上与当地实际发展需求的契合度不高，队伍上对乡村文化人才的培育不够，严重阻碍了乡村文化建设进程。如何把高校美育志愿活动转化为真正推动乡村文化振兴的落地举措，让美育志愿服务这一外来促进力转化为乡村文化振兴的内生发展力，亟须一个本土化的过程。就像马克思主义中国化一样，这是高校美育志愿服务能否有效促进乡村文化振兴的关键。

关于"本土化"的概念与内涵，目前学界仍是观点各异、见仁见智，主要有两个向度的理解。一种理解为"由外及内"取向，认为是外来事物经过改造融入本土，成为本地事物有机组成部分的过程；另一种理解为"内外互动"取向，认为本

土化是本地事物为了适应内外环境的变化而主动吸纳外来异质事物，并使二者有机结合生成当地新事物的过程。本研究主要探讨高校美育志愿服务这一外来文化与本土资源沟通、碰撞、融合，从而更好地体现本土社会、经济、文化特征的适应性改变过程。因此，本研究所提到的"本土化"沿用第一种理解。

高校美育志愿服务是推进乡村文化建设的重要途径，但在实施过程中面临亲和力不足、实效性不够、村民获得感不强等现实状况，严重制约了其促进乡村文化建设作用的发挥。乡村文化建设中高校美育志愿服务主要面临以下几个方面的困境与挑战。

一是美育志愿服务亲和力不足。高校美育志愿服务的对象是当地村民，但当前美育志愿服务对当地村民缺乏亲和力和吸引力，村民们对美育志愿服务缺乏兴趣和关注。在进行美育志愿服务乡村调查时，当被问及美育志愿服务是否取材于较熟悉元素与内容，当地村民大多表示内容并非取材于当地的乡村文化，与他们所熟悉的文化传统、社会风俗、生活习惯等有较大差距。

分析其原因，主要因为高校所在地大多为城市，在设计和策划美育志愿服务活动时，更倾向于选取更符合城镇居民文化背景、生活习惯的内容作为素材。当高度城市化的美育内容被直接移植到乡村，短时期内，当地村民尚有可能对这种新鲜的外来文化感到好奇并产生兴趣。由于人生性更容易对熟悉的、与自身所处的文化一致、能与自身生活发生关联的事物产生亲近感，因此，随着时间的推移，这种缺乏本土文化根基的美育志愿服务将无法真正走进当地村民的心中，更难以真正对其产生美的影响。当新鲜感褪去，村民们逐渐对"嫁接"到当地的美育志愿服务失去兴趣和关注。失去了服务对象，美育志愿服务促进乡村文化振兴的目标将无从谈起。

归根到底，美育志愿服务的内容对服务地本土文化的挖掘与融合不够，从而导致其对当地村民的亲和力和吸引力不足，是当前乡村文化振兴中高校美育志愿服务面临的困境之一。

二是美育志愿服务实效性不够。高校美育志愿服务的最高目标是推动乡村文化振兴，但当前高校美育志愿服务的形式有"千村一面"的倾向，并未牵住当地真实需求的"牛鼻子"。导致难以最大限度地发挥以美育人、以文化人，助力乡村文化振兴的作用，是乡村文化振兴中的美育志愿服务面临的另一困境。

做任何事情，要想真正取得实效，必须找准问题的症结，对症下药，高校美育志愿服务亦是如此。要想有效促进乡村文化振兴，必须针对乡村文化振兴中关键因素存在的实际问题进行美育活动设计，具体包含两层含义。一要充分考虑服务地乡村文化的独特性。每一个乡村都有其独特的文化背景与风俗传统，这决定了乡村所走的独特的发展之路。在这个追求"个性"和"特色"的时代，是否能妥善利用这种独特性是该乡村能否从众多"兄弟乡村"中脱颖而出的关键。美育志愿服务如果不能充分考虑服务地文化的独特性，并有针对性地设计美育志愿服务活动，只想用一套"万能"的方法开展一系列"雷同"的美育活动，乡村独特性没得到挖掘与彰显，就很难产生实际效果。二要有针对性地解决服务地乡村文化振兴中关键因素存在的实际问题。乡村文化振兴是新时代中国以广大农村人民利益为根本出发点，以促进共同富裕为落脚点，全面推进乡村物质文化、精神文化、制度文化和行为文化于一体的乡村振兴战略和源头活水。在物质文化、精神文化、制度文化和行为文化建设过程中，会遇到一系列困难，产生一系列现实需求，美育志愿服务如果不能找准、分析这些实际困难，并设计实施有针对性的美育志愿服务活动来解决，就难免沦为"花架子"，浮于表面而难以切实推动乡村文化振兴取得实质进展。

三是村民获得感不强。获得感是指人民群众在精神感受和物质获得上均有受益的主观感受。村民原本应该是美育志愿服务的直接受益者，但美育志愿服务乡村调查的结果显示，村民们在美育志愿服务中获得感不强。具体表现为大多数村民并没有意识到美育志愿服务对自身发展及乡村文化建设的价值与意义，也尚未形成传承、创新、发展当地文化的主体意识，更加缺乏建设乡村文化的能力。

究其原因，有主观和客观两类原因。主观上，大多数村民受文化水平与受教育程度的影响，往往不会主动关注乡村文化建设的进展，更缺乏创造乡村文化的自主性，美育志愿服务的价值与意义在当地村民中没有得到认识与认同；客观上，美育志愿服务从设计策划到组织实施几乎全部由高校师生来完成，没有村民参与其中。高校美育志愿服务更注重活动的组织，而忽视了对乡村文化人才的培养。导致村民只能被动地参加活动，对活动的设计原理、实施过程及困难的解决一概知之甚少。这不仅影响村民提高对美育活动的认知，还影响他们对美育活动的价值认同与情感认同，获得感则无从谈起。

鉴于高校美育志愿服务在实施过程中面临的诸多现实困境，要想让高校美育志愿服务成为促进乡村文化振兴的重要推力，必须加强对乡村传统文化的挖掘与融合，实现美育志愿服务内容的本土化，提升亲和力；必须提升对乡村文化建设现实需求的回应与契合，实现美育志愿服务形式的本土化，提升实效性；必须加大对乡村文化人才的培育，实现美育志愿服务队伍的本土化，提升获得感，全方位推动高校美育志愿服务的本土化改进。

挖掘乡村传统文化的当代价值，推动美育志愿服务内容本土化。中华文明根植于农耕文化，乡村是中华文明的基本载体。《乡村振兴战略规划（2018—2022年）》中提出，"以社会主义核心价值观为引领，以传承发展中华优秀传统文化为核心，以乡村公共文化服务体系建设为载体，培育文明乡风、良好家风、淳朴民风，推动乡村文化振兴，建设邻里守望、诚信重礼、勤俭节约的文明乡村"。充分彰显了传统文化在乡村文化振兴中的重要价值。

乡村传统文化是指生活在乡村不同区域的人们以农业生产方式为基础而创造的物质文化、精神文化、制度文化和行为文化的统称，既包括物质形式的乡村传统饮食、服饰、建筑等，也包括非物质形式的思维方式、审美观念、风俗习惯、传统节日、工艺技艺等，具有很强的亲和力、生命力与凝聚力，是中国传统文化的重要组成部分，对中国文化重建和振兴具有极其重要的现实意义。以乡村传统文化为内容开展美育志愿服务的优势在于，乡村传统文化来源于当地群众，服务于当地群众，并在长期的劳动实践中升华为群众的共同信仰，融入他们的精神血脉。

美育志愿服务本土化要经过如下几个步骤。首先，开展乡村调查为美育志愿服务提供内容指引。中国人民大学农业与农村发展学院教授温铁军在首届文化振兴乡村峰会上指出，"乡村文化振兴的关键是把乡土文化在地化知识开掘出来，让在地化知识变成乡土教育"。因此，要做好乡村文化建设，一定要深入调研什么是乡土文化、内涵有哪些、与村民的连接方式是什么。其次，根据不同的美育志愿服务载体的特点，选择适合的传统文化形式与之结合。结合只是物理变化，要想让搭载优秀乡村传统文化的美育志愿服务真正发挥提升审美、推动文化建设的作用，还必须发生化学变化，即乡村传统文化与美育志愿服务的融合与创生。深入挖掘传统生产文化、传统技艺文化、传统节庆文化等蕴含的新的时代价值，以志愿服务的方式进行活态传承与传播，有利于用乡村传统文化凝聚广大农民、重塑文化信仰，是新时代乡村文化振兴的重要内涵。

切合乡村文化建设的现实需求，推动美育志愿服务形式本土化。美育志愿服务是推动乡村文化建设的重要途径，目前已在一些地方显出成效，总结出一些经验用于推广。在推广过程中出现盲目复制千篇一律的乡村美育"模式"，不仅忽视了对乡村特色的利用，也鲜有对乡村文化建设现实需求的回应，不利于有效发挥美育志愿服务对乡村文化振兴的推动作用，也不利于乡村长远发展。失去乡村特色的"振兴"，不是真正意义上的振兴。不同的乡村有着独特的历史文化、风俗习惯、政策环境、自然资源等，高校美育志愿服务总结出的成功经验必须与服务地本土特色有机结合，对美育志愿服务形式进行本土化创新，从而避免"水土不服"现象，削弱

美育志愿服务的实效。

要实现美育志愿服务形式的本土化，第一步是定方向。要深入考察服务地实际情况，弄清"特色"究竟何在。可以通过查阅地方志了解当地政治、经济、文化、生态等方面的总体情况；可以通过实地考察，感受当地风情；还可以通过问卷或访谈的形式与当地村民深入交流。综合多方信息，勾勒出一个尽量真实的当地状况，找准美育志愿服务的大方向。第二步是定方案。要开展切实有效的美育志愿服务活动，仅把握总基调是远远不够的，还要针对当地经济发展、文化传承、社会治理、生态建设等方面的现实需求"量身定制"美育志愿服务具体方案。所谓"量身定制"不是指别人怎么做这里就怎么做，而是这里需要怎么做就怎么做。这就要求高校美育志愿服务团队调动一切资源，从审美的视角创造性地设计美育志愿服务形式，找到与当地经济、文化、社会、生态发展的结合点，从审美的视角找到新的发展点，努力为服务地"量身定制"一套符合当地发展规律，契合当地发展需求的美育志愿服务方案。

激发村民文化建设的自主性，推动美育志愿服务队伍本土化。乡村振兴，首要的是人才振兴。要写好乡村振兴这篇大文章，就要牢牢把握人才这一关键要素，全力振兴乡村人才，为乡村全面振兴提供强大人才支撑。2021年，中共中央办公厅、国务院办公厅联合印发的《关于加快推进乡村人才振兴的意见》中指出，要坚持

把乡村人力资本开发放在首要位置，大力培养拥有乡土文化的本土人才。美育志愿服务队伍本土化是指吸纳服务地本土村民参加美育志愿服务，并对其进行培育，以达到提升本土人才文化建设能力、调动本土人才文化建设积极性、激发本土人才文化建设自主性目标的过程。吸纳、培育本土美育志愿服务人才的意义，一方面在于本土村民有较强的群众基础，有他们加入的美育志愿活动更容易得到乡亲们的信任与支持，有助于美育活动的普及与推广；另一方面，本土村民对家乡有深厚的情感，对乡情了如指掌，干起事来既尽心又顺手，有助于美育活动的顺利开展；此外，本土村民懂农民，乡村美育志愿服务的受众是当地村民，本地人更了解百姓的需求，有助于提高美育志愿服务的实效。

梁漱溟先生说过，乡村问题的解决，要靠乡村人为主力，但单是乡村人解决不了乡村问题，因此还需要有知识、有眼光、有理性、有新方法和技术的知识分子来助力。这提示我们，美育志愿服务队伍本土化的关键在于处理好本土人才与外来人才的关系，可采取"引培结合"的模式打造一支"合作、互补、共商、共建"的乡村美育志愿队伍。具体而言分三步走。第一步，招募本地村民参与美育志愿服务活动。农村的广阔天地孕育了丰富的人才资源，勤劳、智慧、有灵气的农民在长期的农业生产实践中，总结出了一套符合当地乡情的农业生产规律和工艺技艺。有着特殊才能的村民参加美育志愿服务，既能充当"本土智库"为乡村美育志愿服务出谋划策，也有助于他们真正了解乡村振兴战略的政策、措施，明白做什么、如何做、怎么做，懂得自己既是乡村振兴的参与者，也是受益者，增强自觉性，提升获得感。第二步，培养本土美育骨干。在跟随高校智力资源组成的引进人才，深度参与了美育志愿服务的全套流程后，一部分本土骨干不仅从形式上提高了开展美育志愿服务的能力，还领会了美育志愿服务促进乡村文化建设的核心要义，已具备独立开展美育志愿服务的能力。此时，可推举本土美育志愿服务带头人，在高校美育服务队伍的统筹规划与帮助下，尝试在统一部署下开展相对独立的美育志愿服务，更大限度地激发本土村民开展乡村文化建设的自主性，拓展美育志愿服务的覆盖面与影响力。第三步，逐步培育一支本土美育志愿服务队伍。授人以鱼不如授人以渔。美育志愿服务促进乡村文化振兴的最高目标是调动村民文化创造的积极性，发挥村民文化建设的主体性，激发村民文化建设的内生动力。到那时，高校美育智库可扮演"竞争者"，与由本地村民组成的本土美育志愿服务队伍在乡村文化建设中形成良性竞争，优势互补，协同开展美育志愿服务，共同推动乡村文化建设。

总体而言，美育志愿服务的本土化不是一蹴而就的，需要长期探索与实践。目前高校开展的美育志愿服务活动本土化比例与程度均不高，这就需要我们从有效振兴乡村文化、推动乡村全面振兴的高度去认识美育志愿服务本土化的价值，广泛实践，深度总结，努力为乡村文化建设提供

美育方案，以此提升高校美育志愿服务实践的品牌影响力。

三、
立足日常工作，找准结合点

团学工作包括青年团员的课余文体活动及青年团员的志愿服务活动等内容，有着较强的实践性。辅导员要杜绝日常工作和实践育人工作"两张皮"现象，要尽量挖掘工作的全方位价值。例如，将美育的内容融入志愿服务中，利用暑期"三下乡"社会实践、支教、西部计划、"三支一扶"等契机，引导、组织青年学生开展美育志愿服务活动。美育目标与日常工作的有机融合，既能高效地完成学生工作目标任务，又有助于给美育实践找到认可度相对较高的活动载体，从而更好地实现美育实践的品牌化打造。下面，笔者以所在学院开展的暑期"三下乡"美育社会实践活动为例进行说明，活动方案介绍如下。

暑期"三下乡"美育社会实践活动：
"艺"不容辞——美丽乡村美育志愿服务

一、活动介绍

本志愿服务紧紧围绕打造生态宜居的"美丽乡村"开展工作，通过乡村墙绘美化环境，通过支教留守儿童关爱我们的孩子，通过培训家庭妇女帮她们提高劳动技能获得收入。

志愿服务队成立于2009年，自成立以来，累计志愿者超过1800人。每年寒暑假，老师都要带领大学生志愿服务队开展实践活动。经过不断摸索，从2017年

6月开始，本志愿服务队以"专业+"志愿服务的模式，先后赴广西贵港、山东潍坊、襄阳谷城、咸宁通山、咸宁咸安、湖北红安等地开展送墙绘下乡活动，墙绘的内容结合了"绿水青山就是金山银山""永远跟党走""中国梦""乡村振兴战略"等多个主题，推动农村的精神文明建设，增强乡村的文化氛围。截至目前，志愿服务队的足迹已走过6省10地，绘制文化墙面积累计超3300平方米，累计支教时长4800余小时，并得到了中国教育报、中国青年网、长江日报、楚天都市报等新闻媒体的关注报道。

志愿服务队还瞄准广大农村地区最匮乏的艺术教育、文化教育，通过爱心支教、乡村美育、田野课堂等教育扶贫方式，关爱农村留守儿童，培养小学生热爱艺术，从生活中发现美，开阔眼界，形成积极向上、勇于实践的品质。近五年来，受教育儿童420余人，受到当地的高度评价。

除此以外，志愿服务队还关注到农村妇女这一特殊群体，利用专业特长教授传统手艺，留守妇女参与达到450人，至今已带动就业3500多人，其中漆工艺品共销售15000件，为当地一家人创造收入近12万元，共创造了2700万元的净公益收入。

二、活动背景

服务队先后与湖北通山县、咸宁市咸安区、湖北红安七里坪镇等团委建立合作关系，在当地设立了社会实践基地。实践活动不仅能培养艺术专业大学生的专业技能，还培养了学生在活动中自主探究、自主学习的能力，增强了社会服务意识，理解农业、农村、农民，达到"润物细无声"的思政育人效果。

本志愿服务先后荣获中国志愿服务项目大赛国家级银奖、"榜样100"全国最佳大学社团、知行计划全国优秀大学生团队、省"三下乡"优秀社会实践团队等荣誉，"妈妈陪伴"项目荣获2021年湖北青年志愿服务公益创业赛金奖。

三、活动特色

1.将美育与统战工作相结合

总体思路：着眼"大统战"，以文化为纽带，以活动为载体，凝聚统一战线的智慧和力量，打造统战专题活动品牌。我们既要面对高知分子、民主党派人士、青年骨干教师、广大青年学生，还要面向更广阔的社会。

通过社会实践教育师生，感召群众，从娃娃开始抓好爱党爱国教育，形成全国一盘棋、万众一条心的良好局面。

① 激发中青年骨干教师和党外高知热情。在指导教师中，包括有民主党派人士和中青年骨干教师，充分发挥他们在社会政治生活中的积极作用，意义重大。学院有的教授正在湖北红安负责美丽乡村建设项目，有党外人士教授在城乡规划建设方面经验丰富，多名青年骨干老师也参与多项乡村振兴项目，他们都可以在振兴乡村工作中发挥自己的作用。

② 引领青年学生。大学生日常主要通过理论讲授接受教育，实践偏少，更少接触到农村。借助暑期实践活动，我们组织大学生们走进农业、农村、农民，将设计描绘在中国大地。

③ 教育留守儿童。留守儿童多处在偏远山区地区，师资力量有限，使他们难以达到德智体美全面发展。而暑期中长期远离父母，得不到关爱的留守儿童也或多或少存在心理障碍。农村留守儿童教育中的主要问题有：重学习成绩，轻素质教育；重物质资助，轻心灵关爱；重硬件建设，轻文化熏陶。通过实践和教育活动，老师才干得到发挥，学生得到锻炼，留守儿童得到了教育，农民感受到了社会的温暖，有力促进了"大统战"的形成。

2. 将专业与乡村振兴相结合

① 本志愿服务队近五年已走过6省10地，在农村乡镇绘制文化墙面积累计超3300平方米，推动了农村的精神文明建设，增强了乡村的文化氛围。

② 扶贫先扶智，只有知识文化才能阻断贫穷的代际传递。充分挖掘假期支教对留守儿童的教育功能：通过传递爱心，培养留守儿童的感恩意识；通过平等交流，增强留守儿童的自尊心；通过拓宽视野，激发留守儿童的进取心；通过亲情陪伴，塑造留守儿童的健康人格；减轻家长暑期后顾之忧，让乡村更和谐安定。

③ 发挥艺术特长，教授当地留守妇女大漆技艺，提高农村留守家庭经济收入。志愿服务队邀请到了专业团队指导，运用当地大漆匠人独特"金虫"技法为核心技术，结合了当地资源因地制宜地开展项目，至今已带动就业3500多人，其中留守妇女参与达到450人，漆工艺品共销售15000件，为当地一家人创造收入近12万元，共创造了2700万元的净公益收入。非物质文化遗产手工艺传承人由原先的232人增至1035人，当地非物质文化遗产手工艺品月销量由原先的500余件，增至1700余件，举办近30次陶艺漆艺作品展览，带动了当地经济的发展。

四、活动目标

1. 多元融合

以我为主,多学科、多学院协同,将服务实践推向深入。一枝独秀不是春,百花齐放春满园。今后我们将吸纳更多专业加入进来,拓展服务范围。

2. 更多团队

组建更多志愿服务团队,通过以老带新,传承经验,开阔思路,滚动发展,广泛深入湖北广大农村乡镇开展墙绘、支教等义务活动,让更多的老师发挥作用,让更多的学生得到锻炼。

3. 打造品牌

拓展内涵,加强人文关怀,打造育人工作精品,摸索一套可参考、可复制的实践经验。通过组织学生参加墙绘实践活动,提高学生以动手能力为核心的专业技能。与此同时,提升学生运用专业所学,为设计在美丽乡村建设提供解决方案的能力;为学生搭建学习、实践的平台,通过动手参与实践,学生得到美的熏陶,以美育人、以文化人的目的于无形中实现,同时更好地满足人民日益增长的美好生活需要,担当起文化发展与繁荣的历史使命;通过持续开展农村墙绘实践活动,不断总结经验,汲取其他组织或高校相关活动的优秀做法,优化实施方案,努力探索实践育人的长效机制,努力形成可辐射、可推广的实践育人经验和成果。

4. 培根育魂

坚持大学生走出校门,走进社会,坚持理论教育与实践养成相结合,知行合一,注重教育引导大学生在亲身参与中增强实践能力、树立家国情怀。聚焦育人工作中的短板弱项、薄弱环节,破解工作中存在的不平衡、不充分问题,围绕一体化育人体系构建,完善制度体系及工作体系,着力培养学生的实践能力、创新创业意识、社会责任感、爱国主义、集体主义和革命英雄主义精神,以及艰苦奋斗、吃苦耐劳作风。

5. 建立大统战

大学有服务社会的职能,统战工作既面向师生,同时也面向广大农村乡镇的留守儿童、妇女和老人,让大家感党恩、跟党走。

五、主要内容

1.学科交叉，打好组合拳

与机械、计算机专业组建团队，研发墙绘用爬壁机器人，既可以提高工作效率，也实现大学生的创新创业。在条件适合的地方，还可以与土建专业合作开展建设民宿，与经管专业联合开展网络销售等等，这些都大有可为。

2.以情动人，深化支教内涵

从2022年起，实施支教深入计划，以情动人，形成工作亮点。如支教不仅仅是教授文化，加强美育，还可以通过开展我为父母画张像、亲子团聚等活动，在活动中注入"情"和"爱"，传播正能量。

3.传承手艺，关注妇女权益

农村地区既涉及美化改造，还涉及留守妇女、空巢老人的手艺培训等。结合我校艺术专业，通过开展传统手工艺培训，培养劳动技能，他们这一特殊群体可以持续获得稳定收入，提升幸福感。

4.因地制宜，拓展服务内容

与已有实践基地商洽合作需求，在现有基础上深化合作。每个地方都有每个地方的特点和不同需求，结合我们的平台、专业、师资、项目等，可以与地方开展更加符合实际需要的工作，让我们的实践更接地气。

六、条件保障

1.政策支持

学校实行假期短学期制已多年，目前已发展到2.0版本。在此框架下，我院社会实践可以顺利实施。

2.学校教务处、团委、学院均对社会实践提供经费支持

2020年，我院志愿服务项目获湖北省志愿服务项目大赛银奖并被湖北省委宣传部奖励3万元，2021年武汉市团委奖励我院志愿服务队1万元，这些经费很好保障了活动的开展。

3.具备适合平台

本项目具有扎实的学科背景，我校设有非物质文化遗产研究中心、湖北省人文社科重点研究基地——"湖北文化创意产业化设计研究中心"，学院也已成立6个设计实验室，近几年来获批7个国家艺术基金，为开展实践活动奠定了坚实基础，储备了大量人才。

4.人才队伍

志愿服务队现有核心队员56人，其中，中共党员5人，预备党员5人，43人先后在校院两级团学组织担任学生干部，35周岁以下青年占100%，思维活跃，干劲足。项目组教师力量雄厚，具有丰富经验。同时，学院专业教师87人，可以提供专业支持，保证活动的顺利实施。

第四章

提升审美素养，
实施有信度的美育

教师与审美素养

努力办好人民满意的教育，培养德智体美劳全面发展的社会主义合格建设者与可靠接班人，是党和国家对高校落实好"立德树人"根本任务的根本要求。审美素养既体现在内在心灵修养上，又体现在外在行动自觉中，包含师德修养、教书育人技能本领，以及美学相关理论与实践。其中，审美素养体现在师德修养中，是指教师通过自信心与责任心的和谐统一，为社会培养出合格人才，为社会做出贡献后在精神上感到愉悦、获得成就感。这是一种社会与自我的双重成就，本质上就是构筑高尚的审美人格的过程。一个有着较高审美素养的教师必然是一个具有高尚德行的教师。

一、
审美素养的价值意义

首先，审美素养对教师自身的发展、完善及生活质量的提高有着重要意义。这种意义主要体现在以下几个方面。

（一）有助于教师解放和升华感性

在审美活动中，审美主体让对象保持它的自由和无限，不把它作为有利于有限需要和意图的工具而起占有欲和加以利用。也就是说，在审美活动中，审美主体和客体之间不是占有、消耗或利用的关系，因此主体能摆脱动物性的束缚而获得充分的自由，从而上升到人性的水平。

（二）能激发和陶养教师的情感

教师是一个需要灵动的想象力、充沛的精神、丰富的创造力的职业。教师如果审美素养不足，不仅自己的事业会陷入贫乏，生活变得枯燥乏味，还极有可能让教育过程变得机械呆板，缺乏创新力与吸引力，教育效果将无从谈起。因此，身为教师，应时刻提醒自己注意提升审美素养与审美能力。通过参加审美活动，尤其是艺术鉴赏活动，不断充实自己的审美知识，不断提升自己的鉴赏水平，不断丰富自己的艺术理解。只有这样，才可以使教师的情感世界不断得以丰富、充实与发展。

（三）较高的审美素养能让教师变得更豁达乐观

艺术来源于生活又高于生活。常常沐浴在美好的事物之中，不仅能使人心情愉悦，还能于不自觉中陶养人的性情。欣赏伟大的艺术作品总能给人一种视野开阔、气势雄浑之感，从而感慨自己在浩瀚的宇宙、绵延不绝的历史长河中的渺小，似乎很多放不下的东西都不再那么重要，很多看不开的事情都忽然间明朗，胸襟顿时豁然开朗，无比敞亮。这样的人，他的喜不以别人的夸奖而放大，他的悲也不因别人的贬低而放大，真正做到了"不以物喜，不以己悲"，遇到事情的时候镇定自若，向内以索取答案的，内心无比强大。具有乐观豁达性格的教师就如美国心理学家马斯洛在论述、自我实现的人时所描绘的那样："他们更会享受快乐、爱、和兴趣，会更具有幽默感，更为朴素，更为异想天开和更富有幻想，更可能是一个愉快的'疯子'，而且总的来说，更能使自己经常得到、评价和享有一般的情绪体验和一些特别高级的体验。"一个有着这样人生态度的人教书育人将是学生的福气。他们简直可以称为生活的"艺术家"、人生的"哲学家"，不仅能把自己活得通透，

还能用通透、豁达的人生态度与处世之道教化、感染学生，帮助学生扣好人生第一粒扣子，为其树立正确的世界观、人生观、价值观奠定坚实的基础。

（四）较高的审美素养能提升教师的兴趣品位

教师的审美品位不仅能丰富教师本人的精神世界，提升自己的生活品质，还将随着言传身教间接塑造学生的精神世界与人生品位。能让人产生愉悦与快乐的兴趣有很多种，根据产生快乐的生理机制可以分为低级快乐与高级快乐。常说的高级快乐产生内啡肽，低级快乐产生多巴胺。虽然这两者都能让人体验到快乐，产生精神愉悦，但二者生成的内在机制不一样，产生愉悦感的原因和效果也有区别。例如，我们熟悉的多巴胺是一种神经递质，我们吃美食、刷视频、打游戏、谈恋爱都能产生多巴胺。当人的体内释放多巴胺的时候，就会感到愉悦，获得积极的情绪体验。但是多巴胺有一种潜在的隐患，那就是容易让人产生依赖。当一个人受到多巴胺带来的快感以后，就会在这种快感的驱使下不停地想要通过简单的重复行为而再次获得快感，因此人容易沉迷于吃美食、刷短视频、打游戏等。而与内啡肽相关联的快乐是一种高级快乐，因为内啡肽是一种只有当人经历一定痛苦之后才会分泌的一种化学物质。不经一番寒彻骨，哪来梅花扑鼻香。跑一次三千米、读一部大部头的著作、啃一个知识的难点、在一个物质

条件相对艰苦的乡村支教、在祖国的大西北服兵役……这些表面上会给人带来一定痛苦感受的事，尽管当时可能会痛苦，但完成后却总能给人带来一种前所未有的满足与畅快。

多巴胺带来的兴奋感，唾手可得，却稍纵即逝；内啡肽带来的成就感，难能可贵，却恒久长远。具有较高审美素养的教师是有足够的自律意识与辨别力的，他清楚地知道应当如何远离低级趣味而拥抱高级趣味，也能足够自律地克制自己的欲望，不让低级快感拖垮自己的人生。以这样的价值观投身于教育教学工作，能给学生以积极、正向的引导，助力学生拥抱健康的人生，赢得生活的掌控权。

二、
教师提升审美素养的方法

（一）强化师德修养，注重自律

俗话说，身教重于言传。高校教师面对的都是已经具备一定思想，有一定思考能力的青年群体。要想成功地对他们实施思想引导，助力他们形成正确的价值观，除了教育的方式、方法得当，手段、载体有效之外，教师本身的素养也是至关重要的。"为人师表"就是要特别强调白重、自省、自强、自律，凡事以身作则，言行一致。要学生做到的，自己必须首先要做到；禁止学生去做的，自己坚决不能做；教学生学的，自己首先要学懂学透；要学生践行的，自己首先要带头实践。学高为师，身正为范。真正具有高品位审美素养的教师，能在各方面为学生作出表率。其一言一行、一举一动都能透出卓尔不群的魅力，使学生"亲其师、信其道"，不仅是表面"说"服学生，而是从内而外"说服"学生，让教育真正落到实处。

（二）充满爱心

爱是教育的灵魂，热爱教育事业，热爱学生，热爱教书育人的过程。在一定程度上，教师热爱教育事业就会热爱学生，热爱学生就是热爱教育事业。但是，内心热爱不难，难的是如何正确地表达爱，并让学生也感受到这份爱，同时还能从这份爱中汲取成长的养分，成为栋梁之材。教师对学生的关爱，既不能过于放纵，又不能过于严厉。既要把握学生成长的规律，接受包容他们的无知甚至犯错，给他们改正的机会；也要把学生当作独立的个体平等对待，该严厉时不吝指出，坚持严管与厚爱相济。让学生沐浴在爱中受到化育，如春风化雨，润物无声。

（三）不断加强美学相关理论与实践的学习

首先，要多读读美学基础理论书籍，例如《美的历程》《美学概论》《美学原理》《谈美》《中国工艺美术史》等，使自己对美学有一个初步的、理性的认识。与此同时，鉴于美学是一门交叉性较强的学科，与历史、文学、心理学、社会学、哲学均有内在联系，所以在学的时候，应当多与这些交叉学科的书籍结合起来阅读。加深对美学理论的理解，拓宽对美学理论的认知，树立积极健康的审美观念，以审美的眼光看待自己的事业与人生，从而达到事半功倍的理想效果。

1.确立正确的审美观

一般来说，审美素养主要包括审美观和审美能力两个方面，教师的审美素养同样也是由这两个要素构成。一个人的审美观是其世界观的重要组成部分，它影响着人的审美趣味，指导着人的审美实践活动。审美观是一个人在社会实践活动中所形成的对美、审美，以及美的创造与发展等问题所持有的基本观点与态度。虽然人们在审美领域有着很大的自由度，但他们对审美对象的评价总是依据某个标准和尺度来进行的，而非随意无规律的。这个依据和尺度就是审美观，它是审美主体对审美客体的美学价值进行判断、评价、鉴赏等的主观标尺。一方面，审美观影响着人们对审美客体美或丑的判断；另一方面，审美观影响着人们发现并感受美的程度。审美观是影响着人们是否能够感受到世界之美以及多大程度感受到世界之美的重要因素。

2.培养良好的审美能力

与审美观相互渗透和相互依存的是审美能力。一方面，审美能力受到审美观的制约和影响，有什么样的审美观念与态度就会相应产生什么层次的审美能力；另一方面，审美能力又是展现审美观的重要窗口，一个人的审美观会在他所喜欢、欣赏的事物上一览无余，无须赘言。

那审美能力又包括哪些要素呢？根据人们审美活动的步骤来看，审美能力包括审美感受力、审美鉴赏力和审美创造力三种要素。首先，要具备审美感受力，即审美主体对审美客体的感知能力。具体来说，是指一个人通过视觉、听觉、嗅觉、味觉、触觉等多种感觉，对外部世界的刺激，如色彩、声音、气味、味道、冷热、形状、质地、形态等外界因素产生感觉，并通过筛选、分析、结合等过程对审美对象的完整形象与特性进行整体把握的能力。审美感受力是一切审美活动的前提与基础，没有审美感受力或审美感受力迟钝，审美活动无法进行，或容易偏离正常轨道，一个人也不可能与外界现实建立起正常的互动关系。正因为审美感受力十分重要，苏联著名教育实践家和教育理论家苏霍姆林斯基将其称为审美素养之核心。

当人们从外部世界接受到一定刺激并初步筛选、分析后，就要对所接收到的信息进行鉴别和评价。鉴别和评价是比感受和感知更深层次、更理性的体察。所有的审美对象都是有内涵的，要深度体会所蕴藏的这种内涵，就要依靠审美鉴赏力。如果说感受美是审美的初级阶段，是感性认识阶段，那么审美鉴赏力就是审美的高级阶段，是更侧重理性认识的阶段。以学生学习绘画艺术为例来说明。绘画艺术是一种很好的提高审美素养、培养审美能力的审美活动。学习绘画之初，就是用眼睛观察外部世界，并用多种感受器官去接收外部刺激，用线条将所观察到的物品形态进行再现。到这一步，用到的更多是审美主体的审美感受力。但对于同一个事物，如一只蝴蝶，哪怕是用同一支画笔、同样的颜料，不同的人也能画出完全不同的作品来。原因何在？如果说审美感受力能帮助人们捕捉到美的外在形式，那审美鉴赏力就是帮助人们领悟到事物所蕴含的更深层次的意义与价值的重要能力。较强的审美感受力可以帮助绘画者画出更形似的蝴蝶，而较强的审美鉴赏力不仅能使蝴蝶形似，还能使绘画者在深刻理解历史背景、文化背景及想要表现的意境的基础上传递出蝴蝶的神韵。

审美创造力是指审美主体在感受和鉴赏美的基础上创造美的事物的能力。人们在现实生活中，不仅能感受到美，能欣赏、鉴赏美，还能自觉或不自觉地创造美。下面，笔者仍以绘画为例，来进一步阐释什么是审美创造力。宋徽宗赵佶擅长绘画，在画院里，宋徽宗经常给学生们开题考试。有一次，他要求用"竹锁桥边卖酒家"这句诗来作画，最让他满意的答卷是，画中没有酒馆，只有一根高高挑起酒帘的竹梢，在竹林掩映下若隐若现。还有一次，题目是用"踏花归去马蹄香"一句诗来作画。用视觉表现香气是个难题，但有一位学生画了几只蝴蝶，飞舞着追逐马蹄。宋徽宗颇喜欢这种高级的趣味，能以诗入画，把思想转化为画的意境。而这两幅作品的绘画过程也远远超出勾勒形态的层次，早已上升为艺术家的审美创造。

教育领域是充分展示美的重要场所，教育作为人类的自我建构活动，理所应当按照美的规律来进行。教师对美的创造应当体现在教育的全过程与各方面。例如，课堂教学中的口头讲述，教师可以通过语言表达，展现出语言文字之美，让学生感受到中华文化博大精深之美；可以通过板书，展现出中华汉字的形体之美；可以通过引用诗歌，让学生感受到中华诗词的音律之美；可以通过端庄得体的仪态，展现出中华礼仪之美；还可以通过谦逊有礼、进退有度的为人处世，与学生建立处处彰显着和谐之美的人际关系。这些注入教师文化底蕴、人生阅历与生活思考之后再呈现出来的表达都是对教师的审美创造，教书育人时时处处都能成为教师创造美的素材与场地。教师具有较高的美的感受力，就能在教育过程中让学生得到美的熏陶与化育。不仅文科教师需要具备较高的审美素养，理工科教师同样需要美学素养。美学是哲学的最高形态，是一切科学及学科的最高统领。如果理工科教师也能以美学思想指导教育过程，具有较高的审美感受、鉴赏力，以此熏陶学生，不仅会让学生在掌握知识的同时得到美的享受，还能激发学生汲取知识、进一步探索未知的兴趣与动力。

高校辅导员是开展大学生思想政治教育的重要力量。美育既然是大学生思想政治教育的有效载体，那高校辅导员审美素养的高低与审美能力的强弱，就是影响大学生思想政治教育效果的重要因素。因此，有效地把握辅导员审美素养的内涵，是深入研究和分析辅导员审美素养现状及存在的问题的重要前提和基础，也是进一步探讨提升辅导员的审美素养，进而落实以美育人的重要前提和基础。

辅导员是实施高校美育的主要力量。辅导员的工作性质决定了他们既是大学生思想成长的引路人，又是大学生人生成长的陪伴者。他们与学生朝夕相处，其一言一行、一举一动都将成为学生观察、学习、效仿的对象。他们的言行举止是否得体端庄，他们的思想境界是否高雅深刻，他们的为人处世是否正派，都将潜移默化地影响学生。他们会为学生树立什么样的"审美榜样"，很大程度上取决于他们自身的审美素养。

爱美之心，人皆有之。美是人类永恒的追求。世间之美以丰富多彩的形态呈现。一千个读者就有一千个哈姆雷特。不同的人对于同一个事物的解读可以是千差万别的。世间不是缺少美，而是缺少发现美的眼睛。美是永恒的，但对美的认识、体验、感受、理解、鉴赏、创造却是因人而异的。对不同的人来讲，"美"可以是感性的，也可以是理性的；"美"可以是永恒的，也可以是瞬间的；"美"可以是抽象的存在，也可以是具象的事物；"美"也是一切能让人感到心灵愉悦的事物。对美的追求是人类共同的理想与目标，甚至整个人类历史都可以看作是一部追求美的历史。美好的事物是客观存在的，但对美的认知、理解和评价却是主观的。人们基于不同的标准对事物进行是否是美的鉴别、评价、认识、理解的过程就是一种审美过程。审美过程就是人们根据自己对事物的标准所表达出的对事物的看法的过程。本质上说，审美活动是一种心理活动现象，具有心理活动的普遍特点，即直觉性、情感性、令人感到愉悦等特点。审美是人们在特定的历史文化背景下所形成的对美的标准的认识，是人们在理性与感性、客观与主观、具体与抽象辩证统一的基础上发展起来的对世界的一种认知、理解与表达。

当美学跳出纯理论的圈子，走进大众的视野和生活，呈现出包罗万象、绚丽多彩的形式与内容时，美育成为其中一个重要环节。学校美育是培根铸魂的工作，提高学生的审美和人文素养，全面加强和改进美育，是高等教育当前和今后一个时期的重要任务。在我国高校里，除了传统意义上的美育工作者以外，还有一类专职从事高校思想政治教育工作的人——辅导员队伍，他们肩负着大学生成长成才的引路人和陪伴者的角色。人在教育中感受美、欣赏、学习美、体验美，甚至教师的教育过程本身就彰显美，使整个教育过程都浸润在美感之中，不论是对教育者还是受教育者，都将是一个令人感到愉悦、舒心的体验。

辅导员跟高校传统美育工作者一样，都是美育工程的重要中间环节，起着"上传下达"的关键作用。一方面，他们根据国家教育机构及上级美育领导机构的指导要求，制定美育教育活动的方案；另一方面，他们依据教育规律，结合具体的美育教育对象的特点，结合学校整体教学活动的安排，对大学生开展符合其成长规律与特点的美育活动，并在此过程中根据学生的反馈作出适时调整与改进。马斯洛就审美素养对人的重要性作出过判断。他指出，从最严格的生物学意义上说，人需要

审美正如人的饮食需要钙一样，审美素养有助于人变得健全和健康。从这个意义上来说，培育辅导员的审美素养，不仅相当于是补足了辅导员个人的心灵素养之钙，还是辅导员为大学生注入精神之钙的重要前提。一位拥有较高审美素养的辅导员与一位审美素养相对较弱的辅导员同时面向大学生开展思想教育，审美素养相对较高的辅导员比审美素养较低的辅导员更容易给学生留下深刻印象，教育效果也会相对更加高效。

因为工作性质的关系，辅导员经常深入学生之中交流，与学生同吃、同学习、同活动，会不经意间通过言语、行为、体态、表情等传播正能量，学生也会有意无意地加以模仿。长期下来，学生的价值观和道德品质将会不自觉受到辅导员的影响。因此，拥有较高的审美素养，不仅是辅导员自身素养的体现，还是辅导员做好大学生思想政治教育工作的重要保障。

一、
辅导员提升审美素养的重要性

（一）是时代快速发展对教育新期待的必然需要

高校辅导员面对的教育对象所处的年龄段总是18～22岁之间的青年群体。一届又一届，流水的毕业生，铁打的辅导员。随着时代的发展与时间的流逝，辅导员与教育对象之间不自觉地会产生"代

沟"。这个代沟既是年龄差距不断拉大而导致的自然现象，也有因时代不断发展而造成的认识差异。但显然，不论是哪一种，都不利于教育取得良好效果。年龄差距与时代发展导致的差异，归根结底都是教育者与受教育者之间产生了认知差异。尤其是随着互联网科技的飞速发展，当代大学生接受新事物的方式越来越多样，接收信息的渠道越来越多，接收信息的方式越来越便利。在信息爆炸的时代，他们接受多元文化与思潮的影响越来越大。对于青春期的大学生来说，正处于思维活跃期和价值观形成的关键期，在多种因素的碰撞交织下，他们对美的理解也会受到诸多因素的影响。与此同时，网络如此便捷，大学生探索未知的诉求很容易通过网络得到满足。不懂的知识一上网就能查到，当学习、生活、工作、心理等方面遇到难题甚至想不通的时候，他们也渐渐更习惯向网络索要答案，而不是去找辅导员答疑解惑。这样一来，辅导员对于大学生的教育影响日渐式微。

作为大学生成长的引路人和指导者，高校辅导员理应担负起影响甚至塑造大学生正确价值观、高尚道德情操与健全人格的担子。因此，通过学习，不断提升自身审美能力、审美素养，并将其用于与快速发展的网络科技、复杂多元的网络思潮争夺青年学生的思想阵地，拉近与青年学生之间的距离，更好地开展美育教育，培养学生发展美、感受美、传播美、创造美的能力，是顺应时代发展对高校辅导员开展思政工作的必由之路。

（二）是落实立德树人根本任务的有力举措

立德树人是教育的根本任务，是高校的立身之本。对于高校而言，如何落实好立德树人这一根本任务，是高校一切工作的出发点和落脚点。好老师要有理想信念，有道德情操，有扎实学识，有仁爱之心。作为青年学生的"智囊团""监督者"与"陪伴者"，高校辅导员有责任坚持立德树人根本导向，通过美育教育，助力青年学生成为"四有"好青年，即有坚定的理想信念、有高尚的道德情操、有扎实的真才实学、有善良的仁义之心的新时代青年。但新时代大学生普遍是00后甚至05后的青年群体，加之受到多元社会思潮的影响，总体呈现出理想信念逐渐弱化、道德标准逐渐模糊、学习目标逐渐功利、善良仁爱之心逐渐被隐藏的趋势。出生在和平年代，成长在丰衣足食的社会中，被国家托底，被家庭呵护，被学校保护，他们渐渐变得以自我为中心。

高校立德树人面向的对象就是青年大学生，如何通过提升高校辅导员的审美素养，通过实施教育性与吸引力、感染性兼顾的美育教育，引导青年大学生辨真假、知善恶、分美丑、树理想、强担当、铸学识、修情操，是高校落实立德树人根本任务的有力举措。

（三）是响应国家战略要求的需要

2018年8月30日，习近平总书记在给中央美术学院8位老教授的回信中指出："做好美育工作，要坚持立德树人，扎根时代生活，遵循美育特点，弘扬中华美育精神，让祖国青年一代身心都健康成长。"求木之长者，必固其根本；欲流之远者，必浚其泉源。中华优秀传统文化是中华民族的精神命脉，是涵养社会主义核心价值观的重要源泉，也是我们在世界文化激荡中站稳脚跟的坚实根基。中华优秀传统文化中蕴含着大量美学元素，为高校实施美育提供了丰富的素材。但对于这些宝贵的中华优秀传统文化的解读、挖掘与利用，却并不容易，是对高校辅导员提出的一个重要课题。

辅导员的教育背景复杂多样，对中华优秀传统文化的理解深浅不一，大多数并未系统地学习过传统文化相关理论、知识，有的甚至在读书期间对传统文化的涉及十分有限。这对于他们利用好中华优秀传统文化中的精髓，挖掘其中蕴藏的美是一个巨大的挑战。要学生学好的，教师自己首先要学好。辅导员必须自己先下苦功夫，积极响应国家提出的弘扬中华优秀传统文化的战略决策，自觉提升美育能力，准确、深入地将中华优秀传统文化中的美发掘出来，并通过一系列美育活动，让学生有效地体验、欣赏其中的美，并对其进行创造性转化与创新性发展。

以艺术设计类学院辅导员为例，提升审美能力对于该学院的辅导员来说显得尤为重要。因为艺术设计表面看起来是一门重技能教育的学科，但技术的背后其实有文化的支撑，设计拼到最后，都是文化的比拼。在这种背景下，辅导员通过加强中华优秀传统文化相关知识的学习，提升审美能力，不仅能与学生拥有更多共同语言，增强亲和力，还能使其对传统文化中蕴含的美学元素把握得更准确，理解得更深刻，因而才有可能解读得更清晰，运用得更灵活。例如，在指导学生参加全国大学生广告设计大赛等设计类比赛时，要清醒地认识到"以洋为尊""以洋为美"的时代已经过去，可以向国外获奖作品学习借鉴，但绝不能亦步亦趋，更不能全盘照抄。要引导学生深刻理解，设计作品的核心文化理念必须是从中华优秀文化中生长出来的。作为辅导员，要时刻引导学生利用传统文化中的典型元素与现代文化相融合，设计出让传统文化与现代生活相融合的作品。这样的作品，不仅更有可能得到评委会的认可，还能使学生通过设计过程，加深对传统文化的理解，增进对传统文化的学习兴趣，以此点燃学生对弘扬中华优秀传统文化的信心与决心，进而引导他们牢固树立文化自信。

（四）是辅导员全面发展的需要

实现"立德树人"根本任务离不开建设一支高水平、高素质的大学生思想政治教育队伍。辅导员作为高校思想政治教育的主力军，其审美素养的提升是高校思想政治教育队伍建设的重要举措。鉴于高校辅导员的工作内容和工作性质都具有一定的特殊性，他们既是教育者，又是管理者。不论是哪一种角色，健康阳光的性格、高雅的气质、文雅的谈吐、自律的行为都有助于辅导员塑造良好的形象。"美"作为全面发展的重要内容之一，能够起到"以美储善""以美养德""以美启智""以美健体"的作用，能充分启发、帮助辅导员的全方位成长与发展。

一是能推动辅导员修炼善意仁爱之心，使他们对世间万物都保持善念，不因外部世界的变迁而改变心中为人处世的善意。正如《孟子·梁惠王上》中有言："老吾老，以及人之老；幼吾幼，以及人之幼。"一个时时怀有仁心善念的辅导员，才有可能让学生感受到浓浓的关爱，让学生在校园生活中能感到家一般的温暖，与老师相处时能感到亲人般的关怀。只有用真心善意维系好与学生之间的情感纽带，才能筑牢与学生之间的情感之基，教育效果才能得以保证。

二是能推动辅导员修养高尚的道德，使他们始终以美好的德行要求自己。师德师风既是辅导员干事创业的需要，又是学生健康成长的需要。辅导员要忠于教育事业，就必须树立正确的三观，培养崇高的职业理想。内用崇高的职业理想指引事业发展之路行稳致远，外用高尚的道德情操展示身为教师的灵魂与素养。教育绝非单纯的知识的传递，而是用一个心灵去唤醒另一个心灵，一个灵魂去升华另一个灵魂，一种人格去塑造另一种人格。辅导员在谈心、讲课、开展活动中任意一个时刻的言行举止都会潜移默化地影响学生。从这个意义上讲，辅导员本身就是一本无字的道德之书，能供学生一生启悟，终身受用。

三是能推动辅导员从浩瀚的美学宝库中汲取丰厚的营养，完善自己的知识体系。美学其实与其他众多学科都有着密切的关联，如哲学、文学、心理学、社会学、经济学、建筑学甚至数学。辅导员提高审美素养，有助于自身对其他各类相关学科的思考与理解，有助于对所涉及的各类知识融会贯通，启迪出新的认识。此外，辅导员双肩挑的角色特点要求他们不仅要育人，还要开展教育研究。在教育实践中发现问题，通过开展教育研究提炼升华找到解决方法，继而用以更好地开展教育实践。例如，在日常学生工作中，辅导员会接触到一些因患抑郁症等心理疾病需要给予高度心理关怀的学生。这一类学生的典型特点是情绪低落、言语少、行动少、人际交往少。对于一个普通的辅导员来说，对待这样的学生所采取的措施往往是侧面关注、谈心辅导外加转介医疗机构，但如果辅导员有较高的审美素养和较丰富的美学知识，那他还可以辅以"艺术疗愈"法，即通过邀请学生参与美育活动，借助艺术创作过程来表达想法、释放压力，缓解焦虑等不良情绪状态。这就是美育与思政教育及心理健康教育完美结合的例子。而在此过程中，辅导员所具备的审美素养的高低将决定"艺术疗愈"的成效。

四是能推动辅导员塑造强健的体魄。身体是革命的本钱，也是教书育人的前提。一副健康的身体不仅能让辅导员的外在形象显得更健康、阳光，给人如沐春风之感，增加了几分亲和力，还能给学生们榜样示范的作用。过去很长一段时间，各年龄段的学生普遍存在重智育、轻体育的现象，学生的身体素质呈下降趋势。当前，国家已意识到这一问题的严重性，并积极采取办法提高学生体育锻炼的意识，提升学生身体素质，增强学生体质。大学阶段是学生时代与社会之间的最后一段路，要想学生能以更强健的体魄投入建设社会主义事业，加强高校体育工作势在必行。大学学习的特点决定了增强学生体质的关键在于养成良好的习惯及坚持不懈，辅导员就是除专业体育老师之外，最能通过榜样力量对学生们起到激励、示范作用的。总而言之，要培养德、智、体、美、劳全面发展的社会主义建设者与接班人，首先要让教育者努力做到德、智、体、美、劳全面发展，只有这样，教育才能有足够的说服力。

提升审美素养有助于辅导员用美滋养内在，并促使其内在素养与外在行为协调发展、相互促进。只有当辅导员个体得到了充分的成长和发展，他们才会有更大的动力、更高的能力、更强的魅力去面对新时代背景下成长起来的青年大学生，去适应日新月异的社会环境与教育环境，从而赢得教育的主动权，得到学生的亲近，收获良好的教育效果。

（五）有助于提高辅导员教育和管理水平

提到高校思想政治教育工作者，有可能一个严肃、呆板、不懂变通的形象就会跃然脑海。本来应该是可亲、可爱、可敬的思想政治教育工作者形象，因为没有按照审美规律来塑造形象，而成为"僵化"的代名词。由此可见，思想政治教育工作者提升审美素养，不断塑造自己的正面形象，是十分重要的。有一种传统观点认为，高校美育工作者是指专业的美术教师、音乐教师等，其他学科的教师均与美育不沾边，不负有美育教育的职责。这种观点其实并不妥当。"立美育德"对全体教育都提出了较高的要求，所有科目的老师都肩负着帮助学生提升审美和人文素养的责任。也就是说，每个老师自身都应当提升审美能力和素养。高校辅导员也不例外。按照审美规律来塑造职业形象，不仅有助于拉近与学生之间的距离，还有助于化刚性的教育要求为柔性的教育手段。

二、
高校辅导员审美素养的现状

人人都有机会成为艺术家。通过参加艺术活动所获得的人的感觉的丰富性，诸如音乐的耳朵、形式美的眼睛等，是人类发达和文明程度的指标。这充分说明了高校积极开展面向全体大学生的普及艺术教育的必要性。新时代下，不论是高校辅导员所面对的教育对象还是所处的时代，都在发生日新月异的变化。当前，辅导员工作面临着各种来自社会发展带来的变化，各种文化纷纷通过网络涌向大学生，涌进大学校园，高校成了各种文化思潮交流涌动的集中之地。如何拨开复杂形势的迷雾而创新性地开展工作，辅导员自身的能力和素质将起到至关重要的作用。在国家大力提倡加强高等学校美育教育的背景下，提升辅导员自身审美素养，培养辅导员的审美能力，提高辅导员的审美境界，是顺应新时代下立德树人总要求的迫切需要。但是，当前高校辅导员队伍整体的审美素养普遍存在以下一些问题。

（一）辅导员队伍对高校美育的认知不够深刻

高校辅导员的教育背景差别较大，有的是文科背景，有的是理科背景。由于多年前教育界对美育的重视程度远不如现在，因此高校辅导员成长过程中对美育相关知识的学习几乎为空白，参加美育活动的机会也很有限，这就对他们全方面、深刻理解美育造成了阻碍。他们大多沿用自己受教育阶段时对美育教育只是一门"副课"及"可有可无""锦上添花"等浅显的认识，对高校美育重要性的认识不够。这种观念是高校落实以美育人的极大阻碍。

一方面，辅导员在观念上认为美育相较育人目标中的德育、智育、体育等显得无关紧要，或者重要性次之。因此，在日常工作中涉及相关类型活动时，会下意识地优先考虑和安排其他几育的活动，而美育活动因为能带来的直观的教育结果不明显，会被有意无意地忽视。在国家高度重视高校美育的近几年，他们对待大学生美育的重视力度虽有上升，但是在就业指挥棒的影响下，一些辅导员仍倾向于把时间和精力花在提升就业率这类硬指标的完成度上。通常是用办一次晚会、办一次展览、开一次会就应付了事。还有一些辅导员简单地认为美育等同于艺术教育，组织学生唱歌、跳舞、绘画、手工等活动，美育体验有了，但辅导员对活动所蕴含的教育意义挖掘、解读和彰显不够，学生能从中汲取的美育养分不足，显得有些浪费。另一方面，在高校普遍追求就业率的大环境下，无论是高校人才培养方案，还是校园管理制度，与全面落实美育相配套的政策、制度不够完善，缺乏有效衔接。观念与政策上的不重视使得美育教育施而不实，难以深入地开展，亦难以真正有效地促进大学生审美素养与能力的提升。

（二）辅导员自身审美价值观有待进一步确立和完善

辅导员是开展高校思想政治教育工作的骨干力量。思想政治教育工作的目标之一是教育引导学生树立正确的世界观、人生观和价值观。教育者首先要接受教育。教育学生树立正确三观的前提是辅导员自身的三观要正。审美价值观是对什么是真、善、美的一套标准，它就像一把量尺一样立在人的心中，使他们得以断真假、辨是非、明善恶，然后知真善美而从之，析假恶丑而远之。

从高校辅导员的年龄结构来看，很大一部分比例的辅导员为30岁左右，亦即90后甚至95后。从事一线学生工作，每天都与学生面对面打交道的更是以年轻辅导员为主。这一部分辅导员成长在改革开放的春风中，没有经历过物质的贫乏。加之随着国家的快速发展，融入世界进程的不断加快，各种文化不断交流交锋。加之1994年中国互联网正式接入国际互联网，网络在青少年中的普及程度大大提高。一方面，思想自由开放程度大大提升，他们思维更加活跃，更富有创新能力；但另一方面，价值观更容易受外来因素的影响而产生偏差或者动摇。而辅导员则是高校美育工作的主要承担者，他们的三观会潜移默化地影响大学生的三观。只有辅导员自身确立了正确的审美价值观，树立了远大理想，才能将正确的价值理念通过日常工作输送给大学生。反之，美育教育将无从谈起。

（三）辅导员缺少系统、专业学习美育相关理论、实践方法的渠道和指导

随着国家高度重视美育，大力提倡加强和改进学校美育，学界对美育的研究迅速发展。但这些研究普遍集中在中小学阶段，而且以专业艺术教育相关研究居多。对高校美育，将美育与大学生思想政治教育工作紧密联系在一起的探讨很有限。这就导致辅导员开展美育研究时的理论依据与支撑太少，专门研究辅导员审美素养的理论、实践成果很有限，辅导员开展美育工作的思路难打开。辅导员的审美素养将直接影响美育的开展。倘若辅导员自身美学知识匮乏，审美能力低下，美育意识淡薄，不能发现美、传递美，便会阻碍美育的开展，不利于学生综合素质的发展与人格的塑造。辅导员审美素养的不足，也将导致学生未来审美素养的缺失。所以提升辅导员的审美素养、审美能力显得尤为重要。

对于具体实施美育的指导，更集中于对专业美育教师

实施美育的探索，似乎忽略了辅导员群体开展美育这一重要内容，美育实践只能靠辅导员自己在实践中摸索，成效不明显。此外，辅导员日常事务性工作繁忙，自主学习美育相关理论、知识的时间和精力不足。"上面千条线，下面一根针。"这是对高校辅导员工作的诙谐但形象的写照。上级各主管部门安排的事务性工作较多，辅导员开展自主学习的时间有限。即便安排培训，也大多是与思政工作、学生日常事务管理、学业指导、生涯指导相关的培训，与美育教育及美育与思想政治教育相融合的内容太少了。这对辅导员在思想政治工作中主动运用审美理论与知识，融入美育元素，创新性地开展美育工作是不利的。

现代美育之父弗里德里希·席勒指出，要使感性的人成为理性的人，除了首先使他成为审美的人，没有其他途径。一个人只有具备了审美能力和美的创造力，才有可能树立正确的审美理想、审美情趣，从而使其情操得到陶冶，心灵得到净化，从而达到一种较高的人生境界。培育和提升高校辅导员的审美素养需要辅导员上级主管部门和辅导员自身的共同努力。

一、上级主管部门应全力保障与切实指导

高校思想政治教育工作受到上级各部门的高度关注与悉心指导，辅导员审美素养的提升与培育自然离不开上级主管部门的政策保障与配套支持。从上级主管部门的角度来看，高校辅导员审美素养的培育可以从如下几个途径入手。

（一）以高校辅导员素质能力大赛为指挥棒，推动审美素养的提升

辅导员素质能力大赛是由教育部思想政治工作司主办，全国高校辅导员工作研究会承办的辅导员队伍素质能力比拼的重要赛事。该赛事旨在全面贯彻落实立德树人根本任务，推动辅导员队伍专业化、职业化建设，进而提升大学生思想政治教育工作质量。在全国辅导员素质能力大赛的推动下，各省市纷纷组织省赛、校赛，在全国掀起了一股辅导员大赛风。每年的大赛中都涌现出许多辅导员典型，成为众多辅导员学习的榜样，为辅导员队伍的职业化、专业化起到了重要的推动作用。但是，辅导员素质能力大赛的赛制，上到国赛，下到区赛、省赛和校赛，不论是原赛制包括的笔试、理论宣讲和谈心谈话三个环节，还是最新赛制所包括的笔试、班情熟知及育人案例分享三个环节，均没有涵盖审美素养的内容。

近年来，随着新媒体的兴起和发展，辅导员工作公众号建设评比迅速兴起。评选活动高度激发了全国各地辅导员将工作思路、方式方法、育人理念等通过公众号推文的形式进行传播。这些工作推文汇集了辅导员们的思想精华，不仅建立了辅导员开展大学生思想政治教育的有效渠道，还为其他辅导员提供了丰富的经验借鉴与参考。但是，当下公众号建设的内容也几乎完全集中在思想建设，而没有涉及审美素养的内容。公众号平台作为一种新媒体平台，应该不仅是传播思想的渠道，还应该成为展示审美文化的窗口，让学生通过公众号不仅受到思想的启迪，还应当同时感受到美的浸润与熏陶；不仅应当在内容建设上对审美文化有所涉及，还应当注重对公众号基础建设的审美化，包括页面布局、色彩搭配、排版设计等，不断增强思想政治教育工作公众号对大学生的吸引力、亲和力和感染力，使大学生在审美的氛围中主动吸收有利于自身成长的精神养分。

因此，针对上述存在的问题，上级主管部门应该考虑在辅导员素质能力大赛、公众号评比展示等辅导员队伍的重大赛事评比中加入审美相关知识的考察和审美素质的评分占比，由大赛指挥棒作导向，不仅以赛促学，更是以赛育美，使审美素养逐渐成为辅导员的必备素养。通过多年大赛的推动，辅导员一旦进入审美的世界真实感受到美的真谛后，对美的追求将成为辅导员的自觉行为。

（二）拓展辅导员培训的内容，增设美育专题辅导与培训

近年来，随着国家对高校思想政治教育工作的逐渐重视，多个辅导员素质研修基地成立，专门针对提升辅导员的理论和实践水平的培训与讲座举办得活跃。辅导员综合素质与能力水平均得到了较大提升。从《普通高等学校辅导员培训规划（2013—2017年）》中可以看到，辅导员培训内容主要包括思想政治教育、专业素养、职业能力三大部分，其中专业素养部分涉及了艺术学科知识教育。但就目前来看，辅导员美育专题培训内容仍然较少，与当前国家对高校辅导员开展美育工作的高要求并不匹配。

针对这种现状，笔者认为，上级主管部门，尤其是主管辅导员素质能力培训的管理部门应当为在职辅导员提供形式多样的、有针对性的审美素养提升机会，提高辅导员培训中美育专题培训内容的比例，邀请美育研究领域的专家开讲。还应当不断创新完善培训方式、培训内容和培训方案。在培训形式上尽量灵活多样，专家讲座与专题讨论相结合，课堂学习与实地考察参观相结合，理论讲授与美育体验、实践相结合。总之，就是以提升培训效果为第一考虑。还可以采用线下、线上相结合的方式，利用互联网慕课的形式扩大培训的辐射影响面，使全国各地的辅导员都能从中受益。帮助辅导员们掌握基本的美学理论与知识，尤其要树立中华美学精

神，使辅导员对"中国美"形成基本的认知与理解，为将来在广大青年学生中传播"中国美"打下坚实的理论基础。除了内容要凸显美育主题以外，培训的时间安排也应当讲究科学性。笔者认为，要把握辅导员职业生涯中的关键时间点——岗前培训，并注重岗前培训与在职培训之间的有效衔接，有目标、有计划地将审美素养教育融入教师培养培训体系之中，构建一体化的教师审美素养培训机制。根据教师成长发展规律，帮助他们逐步掌握基础的审美知识，具备初步的审美能力，树立正确的审美观念和较强的审美意识。

（三）组织开展适合高校辅导员参加的美育实践活动

美育活动不仅在美育专业教师中开展，还应当在高校辅导员中广泛开展。高校辅导员平时忙于事务性工作，参加美育实践的机会很少，只有偶尔指导学生美育活动时有所参与。但辅导员个人可参加的美育实践活动，如加入文艺团队、开展文艺展演等的机会可能更多集中在少数几位有文艺特长的辅导员身上，其他众多没有文艺特长的辅导员能参加的普及性文艺活动十分有限。这既不利于辅导员们疏解忙碌的工作所带来的身心压力，也不利于辅导员自身通过深入参加美育活动，深度体验美育实践过程，促进对美育的理解。辅导员文艺展演既是丰富校园文化的特色模块，还是发掘辅导员文艺潜质，集中展示辅导员精神风貌、审美水平、艺术水平的舞台，不仅是辅导员与艺术深入对话的机会，更是来自各学院、各学校甚至各省市的辅导员切磋、交流美育经验的平台。在辅导员队伍中广泛开展普及必需的美育体验与活动展演，不仅能起到陶冶性情的作用，有助于提升辅导员队伍整体的审美感受力，还能活跃校园文化氛围，帮助辅导员在面向学生开展美育教育时更有底气，相对更专业和更有说服力。

（四）加大对辅导员参与美育活动的表彰力度

辅导员参与美育相关活动通常有两种形式。一是直接参与，例如以个人身份，或以团队成员身份参加歌舞表演、摄影作品展、书画艺术大赛、诗歌朗诵等文艺活动。另一种是间接参与，通常是指以指导老师身份，指导学生参加文艺类表演、美育社会实践活动等。学生在美育类相关实践活动中表现突出而获得荣誉表彰很正常，但作为指导老师，在学生获奖的背后通常要付出巨大而艰苦的努力，从活动的策划到组织、实施的各环节，都离不开辅导员的时间和精力的投入，学生所获奖章有作为指导老师的辅导员的努力与汗水。但通常大赛组委会对指导老师的表彰不够重视，常常是在学生获奖名单中顺带加一栏指导老师姓名，并未单独表彰。此外，不论是直接参加还是间接参与，辅导员所获美育相关奖项的认可度还不够。具体来讲，就是学校很少将这类奖项与辅导员职称评审挂钩。笔者认为，鉴于国家对高校美育重要性的定位，做好大学生美育工作应当是每一位老师的职责范围内的事，而并非某几位辅导员的职责。因此，建议高校加大对辅导员参加或指导学生参加美育实践活动的表彰，并将辅导员对美育工作的贡献度纳入其发展晋升考核指标体系，这将大大提高辅导员参加或指导美育活动的积极性，激发他们投入美育相关实践活动的主动性和创造性。实践是最好的催化剂与检验地，通过不断实践与正向反馈的良性循环，能激发辅导员对艺术的爱好，使他们更加坚定对美的追求，以更饱满的热情和更坚定的信心投身于大学生美育教育。

二、
辅导员群体自身提高认识

除了上级主管部门的关心与支持以外，辅导员审美素养的提升还要靠辅导员队伍主动作为。笔者认为，高校辅导员可以从如下几个方面努力。

（一）辅导员提升审美素养要注重目标导向

辅导员提升审美素养的最终目标是以良好的审美素养和审美能力影响、引导大学生提升审美素养、人文素质、审美能力。因此，对学生群体特点把握、审美素质现状的了解是不容忽视的。笔者所在的高校是一所理工科背景高校，辅导员审美素养的提升方向与路径与所处的背景密切相关。欣赏美、追求美是人的天性，正值青春期的大学生群体，对美有着天然的向往与追求。调研发现，由于主观或客观的原因，理工科大学生的审美素质的发展受到制约，审美素质参差不齐，表现为审美知识有所欠缺，审美态度较功利化，审美能力有待提高等。

造成理工科大学生审美素质缺失，既有主观原因，又有客观原因。主观原因一方面来自思想上的误区，另一方面来自理工科大学生功利化的思想。理工科学生长期接受的教育以专业知识为主，导致他们认为只有自然科学才是真的"科学"，专业知识以外的知识则被轻视。与此同时，残酷的教育竞争造就了功利化思维。由于高中文理分科，学生为了考上理想的大学便一门心思学习文化知识提高分数，忽略甚至屏蔽一切与提高分数无益的信息与活动。理工科大学生对有助于他们在短时间内提高分数的能力趋之若鹜。而对审美能力这种要花较长时间才能习得，在短时间内又很难出效果的能力却不重视。鉴于此，辅导员审美素养提升的重中之重，是确立审美必要性，并将该理念贯穿于全部的教育活动中，发挥个人示范的作用让学生真正重视美育教育。这是美育教育有效性的重要前提与必要保障。

辅导员要找到美育教育对于教育对象的各方面意义，活动的设计和开展均要把握"目标导向"，力争学生通过参加活动就能对美育教育的价值多一分理解和体会。在具体美育活动设计中，首先，笔者将理工科大学生审美素养的提升与完善其思维方式高度关联起来。抽象思维和形象思维是人类两种最基本的思维方式，二者既有区别又密切相关。理工科教育往往注重理性的、抽象的思维训练，审美素质教育则注重形象思维训练。单纯理性、抽象的思维方式对于培养优秀的理工科大学生是不够的，想要拥有较强的创新精神和创新能力，就必须有完善的思维方式和经过优化的思维能力，而注重培养形象思维的审美素质教育，则是培养完善思维方式不可或缺的。审美素质教育有助于完善、优化理工科大学生思维方式有其生理学基础。现代脑科学研究成果表明，人的大脑左右两半球在功能上既独立又互补。左脑处理抽象思维、逻辑思维、语言等，控制着人类计算、分析、排列、书写等行为。右脑负责形象思维、直觉思维等，控制着人类想象、模仿、空间思维等行为。以抽象思维为特征的科学素质教育和以形象思维为特征的审美素质教育看似对立，实则统一。因为两个半球在同一个大脑中，二者功能相互影响、互为补充，二者协调配合则有助于形象思维和抽象思维的有机结合，共同使理工科大学生形成完善的思维方式。

其次，笔者将理工科大学生审美素养的提升与塑造其健全的人格高度关联起来。学科特点决定了理工科大学生大多不擅长情感表达。审美素质教育最重要的一点就在于情感教育，其作用在陶养人的感情，使人的情感转弱为强，转薄为厚，给人的高尚行为以推动力，从而促进学生的全面发展，提升人格素养。情感是心理结构的重要组成部分，审美教育对培养理工科大学生的审美素质、促进情感的健康发展具有重要意义。审美教育的缺失，会影响情感的健康发展，从而造成理工科大学生专业能力有余而心理健康不足、人格不健全的结果。通过审美教育提升理工科大学生的审美素质有助于提升他们的精神境界，使学生超越一些狭隘的观念，获得更开阔的思维，促进科学的理性与审美的感性互补、互启，共同促进和谐、健康人格的形成。正如德国古典美学家弗里德里希·席勒指出，如果人的理性与感性分裂，就只剩下动物性。如果人的理性与感性脱离，则人的思想将趋于僵化，不利于塑造健全的人格。

此外，笔者还将理工科大学生审美素养的提升与激发其创新创造活力高度关联起来。创新是一个民族进步的灵魂，是一个国家兴旺发达的不竭动力，也是中华民族最深沉的民族禀赋。党的十八大以来，习近平总书记在多个场合反复强调创新的重要性。在十九届五中全会会议公报全文6000多字中，15次提及"创新"，可见创新之于国家发展、民族复兴的重要意义。理工科院校肩负着为国家培养创新型人才的重任，如何激发学生的创新创造能力成为理工科院校人才培养最重要的课题之一。审美素质教育中重要内容之一就是运用想象力去品味、欣赏、感受艺术作品或其他审美对象的意蕴，而丰富的想象力又是创造性思维和创造力的源泉。一个有着丰富想象力的人，思维常常处于活跃、激发状态，更容易迸发出思维的火花，产生科学研究的灵感，更利于突破传统而创新。很多卓越的科学家也同时是优秀的艺术家。例如中国导弹之父、两弹一星功勋奖章获得者钱学森不仅是学识超群的科学家，他同时在音乐、绘画、书法、摄影等方面也颇有造诣。中学时代的钱学森就曾是圆号手，在上海交通大学学习时是学校铜管乐团的重要成员。音乐艺术不仅是他与夫人蒋英女士感情的沃土，也是他身陷软禁时的精神慰藉，还为他的科学研究带来了丰富的灵感与启发。正如钱学森自己所说，"当我对某个科学问题百思不得其解时，音乐艺术能使我豁然开朗，产生顿悟"。可以说，科学思维与审美思维两种思维的相互补充、相互启发，帮他开拓了创新思维能力。

最后，笔者还将理工科大学生审美素养的提升与其就业竞争力高度关联起来。理工科大学生的主要就业方向为研究机构或与专业相关的企业。在求职过程中，着装、谈吐和人文素养等良好形象的构建是影响学生就业竞争力的重要因素。将审美素质的培养与学生就业实际相联系，能够明显提升学生的就业竞争力，从而帮助他们在激烈的竞争中脱颖而出。学生进入企业以后，深厚的审美素养会表现在产品设计与生产、人际关系的处理、企业文化的维护等方面，不仅能帮助学生创造出兼具实用性与美观性的产品，为企业创造更大价值，还有助于营造更和谐的人际关系，打造优秀的企业文化。因此，具有更高审美素养的理工科大学生，更容易获得企业的青睐。

（二）辅导员提升审美素养要系统地学习美学、审美教育理论知识

系统地学习美育相关理论知识，不仅可以知高校审美教育其然，而且还能够知其所以然，从而大大提高按照美的规律进行大学生美育教育的科学性、自觉性、主动性和创造性，收到显著的教育效果。

首先，要学习基本的美育理论。美学是审美教育最基本的理论基础之一。一个辅导员对美学理论了解多少、掌握的深浅，直接关系到其审美素养的水平。虽然，当前国内美学理论体系异彩纷呈，对什么是美、什么是美育的理解并不完全统一，但在根本上，它都涉及诸如美的本质、美的基本特征、美的表现形态和范畴、美感的本质和特征、对美的欣赏和判断、美的创造等基本问题，都论及审美、艺术对人生、对社会发展的重要价值和意义。而且美学界现有的这些理论整合、包容了古今中外丰富的美学理论和知识。对于辅导员来说，想要提高审美素养，对美育相关知识理论有一个整体的把握，较迅速高效地了解关于审美和美的一般理论，学习这些前人的思想精华，是一件事半功倍之事。

辅导员由于日常事务性工作较多，工作日较为整块的能用于学习的时间不是很多，可以通过两种方式来挤出时间学习。第一种是化零为整。白天的时间基本要用于与学生谈话、处理学生事务，一方面可以利用晚上值班时间每天啃一点大部头的美学专著，写下读书心得、随想、感悟、对工作的启发等；另一方面可以主动寻找美育相关集中培

训研修的机会。可以在各类辅导员培训研修基地官网上查找所发布的培训信息，选择适合自己的培训去参加，还可以在校内外寻找志同道合的专业教师或辅导员同行结伴研学。有了共同的研究兴趣，又有相似的工作背景，他们会有更多的共同语言，有助于更深入地交流对美学理论的认识和理解，探讨美育与大学生思想政治教育如何更有效地结合，还能共同探索不同学科背景的学生美育教育的异同点，提升当前高校大学生美育教育的针对性。

其次，要学习审美教育理论。有了美学理论作为基础，辅导员还应当系统地学习审美教育理论。审美教育学是教育学和美学结合而形成的交叉学科。它既是教育学的有机组成部分，又是美学不可分割的重要内容。审美教育是美的规律在教育领域里的实际应用和具体体现，也是美学的出发点和落脚点。美就在那里，对美的研究和探讨的目的不仅仅是为了理论研究，而是为了提升心灵，为了让受到美的触动的人得到陶冶、熏陶、净化与提升。自从现代美育之父弗里德里希·席勒第一次系统地提出审美教育理论以来，教育学与美学就密切地联系在一起。美育的过程就像是买菜做饭，美学基本理论就像是买回来的原材料，而审美教育理论则像是烹饪用的锅碗瓢盆。想要做出一桌好饭菜，没有原材料也是巧妇难为无米之炊。但仅有好的原材料也是远远不够的，锅碗瓢盆、火候、调料等，往往是饭菜是否可口的关键因素。一位能完美地运用厨具、掌握火候、选择调料、对原材料进行处理的厨师，才能呈献出一桌色、香、味俱全的饭菜。

美学理论是审美教育的重要理论基础之一，它多为静态的；审美教育理论则对审美教育实践有着更直接的指导意义。二者对于完整而有效的审美教育均起着不可替代的作用。高校辅导员只有既掌握了扎实的美学理论知识，又能娴熟地运用审美教育理论，懂得审美教育在大学生全面发展教育中的意义与功能，懂得审美教育的性质与特点，善于研究审美教育促进大学生成长成才的原则、方法与路径，才能不做高校美育的"门外汉"，才能在大学生审美教育中的各环节发挥主导作用，对大学生审美素养的提升起到积极的引导和促进作用。因此，在系统掌握美学理论的基础上，辅导员应当重点研学审美教育相关理论，这对高校辅导员提升审美素养，有着更为迫切、更为深远的意义。

三、
辅导员提升审美素养
要做到与时俱进

辅导员经过自我陶冶与学习，审美素养可以逐步得到提升，审美能力可以逐步发展为稳定的审美素养，但是辅导员审美素养的培育并不是一蹴而就、一劳永逸、一成不变的，而是一种不断发展的、动态变化的能力。辅导员是做大学生思想政治教育工作的，思想本就是动态变化的、流动的。加之，辅导员所面对的工作对象是大学生，是一群思想活跃的青年群体。同一个大学生处在不同的成长阶段，所思所想是不一样的；处在不同社会时期的大学生，思想行为也呈现出不同的特点。而这些，将成为辅导员开展审美教育的最大变量，为美育教育带来不确定性，对辅导员审美素养的提升提出了"与时俱进"的高要求。

辅导员审美素养的培育与提升要做到与时俱进，就要把握这一"进"中的变与不变。变，是指学生所处的社会时代变了，教育的内容、形式、方法、载体和手段等变了，什么样的审美教育才能更有效地引领学生，什么样的方式才真正地贴近学生，真正地走进学生内心深处、打动学生，什么样的内容才能既有"品位"、有"营养"又"美味"？这些都是时代向辅导员美育工作提出的新挑战与新要求。要成功地应对这种"变"，辅导员要不断加强自身学习，紧跟国家关于教育、美育工作的战略部署，准确领会国家对辅导员开展美育教育的期待与要求，主动顺应时代的审美价值追求，并通过所掌握的美学理论知识与审美教育理论，制定一套适合当下大学生的审美教育方案，并在实践中不断调适与完善，做好新时期大学生美育工作。

不变，则是指纵使教育环境日新月异，教育的于段日益发达。但是，万变不离其宗，美的本质没有变，受教育对象对真、善、美的渴望与追求没有变，美育教育的根本目标没有变。大学生审美教育就好比过河。古时候过河靠船夫撑简易的竹篙载村民们去到河对岸，稳定性差，遇到风浪容易颠簸。后来，随着科技的进步，人们造出大船，能更好地扛住风浪。再后来，为了提高过河的速度，不仅能从河面上走，还能在河床下面挖隧道，建地下快车，大大提高了过河的效率。随着时代的变迁，虽然过河的方式不断变化，但有一点是不会变的，那就是村民们过河的意愿不变，这是改进一切过河方式的原动力的目标指向。如何能更好地满足村民们过河的意愿，让他们更安全、更快速、更愉快地去到河对岸，是始终的追求。高校审美教育也是一样，时代在变，教育环境在变，受教育对象的特征也在变，看似一切都变了，但其实，要深刻把握一点，那就是任何时代的大学生都是爱美的，都是向往美的，都是想让自己离美更近、变得越来越美的。而且，纵使科技再怎么发达，社会再怎么变迁，美的本质不会发生变化。新时代的高校美育，就是要在万千变化中找到教育的根本，在把握教育本质的前提下不断改进教育的路径和方法，帮助学生们顺利渡到美的彼岸。

四、
辅导员提升审美素养要注意内外兼修

"外"，是指辅导员的外在美，包括形象、体态、言语、表情、装扮等。辅导员是大学生思想政治教育工作的组织者和实施者，是大学生成长的陪伴者与贴心人。这就是说，他们不仅是教育行为的主体，从某种意义上来讲，还是大学生成长的合作者。因此，辅导员的外在形象等应当向美而生，以便进入大学生追求美的视野。辅导员本就是做大学生思想工作的人，尤其需要注重自身美的建设，只有以美的形象出现在学生面前，才会对学生产生吸引力和引领力，学生才会愿意"亲其师"而"信其道"。

外在形象美主要表现在得体的仪表和言谈举止上。具体而言，辅导员的衣着服饰要简洁得体，表情要生动准确，谈吐要内涵雅致，举止要落落大方。与这样的辅导员相处，会让学生感受到春风拂面，被他们恰到好处的美感染到。得体是辅导员最高级的美，也能让学生在潜移默化中体会到一种分寸感，从而更愿意自觉聆听他们的教诲。

内在美主要体现在和谐、高尚的人格美。法国文学家罗曼·罗兰说过：要播撒阳光到别人心中，总得自己心中有阳光。辅导员的重要职责是帮助大学生树立正确的世界观、人生观与价值观。那么辅导员自己首先要树立正确的三观，不断提升自我修养，不断完善自己的人格，做到自律、自尊、自爱、自强、自信。具有强大人格魅力的辅导员才具备教育说服力。这种说服力不靠嘴，而是由内而外自然流露和散发。真正有效的思想交流不一定全靠语言，举手投足尽能感化育人。具有人格魅力的辅导员才能以其巨大的感染力与感召力去影响学生，让学生觉得他们可靠、可信、可学，遇到难过事情的时候才会想到找辅导员倾诉，因为觉得他们能懂；遇到困难的时候才会想到找辅导员一起想办法，因为觉得他们有解决问题的能力；谈及职业规划时，会想要"跟辅导员一样"，因为不知不觉中他们已经产生了"向师性"，以辅导员为榜样和标杆来进行自我的人格塑造。

由此可见，辅导员的内在修养是何等重要。辅导员应当立志以整洁的仪表影响学生，以亲和的态度对待学生，以丰富的学识引导学生，潜移默化地感染和熏陶学生，在学生心灵上留下美的印象，在学生的行为举止中留下美的烙印，从而使学生得到灵魂的净化，得到人性的升华。

审美素养是人们与生俱来的，并在后天的教育培养、环境熏陶、社会实践中不断积累、完善并趋于稳定的较高精神品质。它是审美主体所具备的审美经验、审美情感、审美能力、审美趣味、审美价值等各种审美因素的综合，具体包括了审美主体认识美、评价美、感受美、鉴赏美、享受美、表达美、创造美等诸种意识和能力。

高校辅导的审美，是指辅导员在开展思想政治教育的过程中主动去认识美、欣赏美、理解美、体验美、感悟美、传播美、创造美的实践活动。辅导员在这些审美实践活动中所展示的素养就是辅导员的审美素养。辅导员的审美素养是由审美观念、审美态度、审美意识、审美理想、审美标准和审美能力等多种因素所构成的综合素养，受到辅导员本人教育经历、人生阅历、文化背景、思想认识、性格等因素影响，是新时代辅导员素质能力的重要组成部分。

一方面，辅导员审美素养能反映辅导员作为一个独立的社会个体所拥有的审美基本能力素质，是辅导员个人综合素养的体现，此为审美素养的本位价值；另一方面，鉴于辅导员工作性质与工作内容，一位辅导员所具备的素养与能力，绝不仅是自身能力的彰显，更是他们用以教书育人、立德树人的工具。有理想信念、有道德情操、有扎实学识、有仁爱之心，"四有"好老师的目标不是靠口号喊出来的，而是通过一节课一节课地讲出来，一次谈话一次谈话地谈出来，一次活动一次活动地开展出来，一次实践一次实践地带出来的……学生与辅导员相处的每一分每一秒都是教育的过程，学生见识过辅导员多少真实，感受过辅导员做人做事中的多少魅力，我相信，辅导员对做好思想政治教育就会有怎样的底气。而每一次课程的组织、内容，每一次谈话的切入、重点把握、情感关切、情绪抚慰，每一次活动的立意、策划、实施与凝练总结，每一次实践活动中对学生成长关键点的观察与引导……审美素养渗透在辅导员开展思想政治教育工作的方方面面，并引导着学生成长之船的航向。因此，辅导员的审美素养也突出体现了辅导员作为高校教师应当具备的职业素质，即审美素质的工具价值。对于高校辅导员而言，较高的审美素养是辅导员全面发展的重要体现，更是辅导员充分发挥教育主导作用、提升思政教育能力水平、确保思政教育效果的有力保证。

五、
辅导员提升审美素养应积极参加审美实践

辅导员要身体力行，积极参加审美实践活动。读万卷书，还要行万里路。身体和灵魂总有一个要走在向美求美的路上。读书，在书本中与先贤的思想展开交流、对话、碰撞，感受前人的思想伟力，体悟他们曾经历的悲欢离合，去想象他们曾见过的繁花似锦，抑或是感受过的沧海桑田。在书本和自己的理解之间构筑起一个想象的世界，去揣摩、领会、感悟，任思想在其中遨游。行万里路，用脚步丈量世界，用心灵去感受蕴藏在大千世界中的美好。去看一眼"落霞与孤鹜齐飞，秋水共长天一色"的雄浑壮阔之美；去感受一下"等闲识得东风面，万紫千红总是春"的

色彩斑斓之美；去体验一把"你站在桥上看风景，看风景的人在楼上看你"的委婉浪漫之美；还有"不知细叶谁裁出，二月春风似剪刀"的动态之美、"人闲桂花落，夜静春山空"的静态之美、"明月松间照，清泉石上流"的动静结合之美。去探访一下伟人马克思之墓，读一读大理石墓碑上写的那句"哲学家们都在想方设法解释这个世界，但是问题的关键在于改变世界"，去触摸这位伟人的思想高度。去重走一次长征路，亲眼发现沿途的新变化，亲身体验和感受当年的艰辛与豪迈。此外，还应积极通过审美创造活动来丰富审美体验。审美创造活动的形式是多种多样的，文学创作、生产劳动等都属于审美创造的领域。对高校辅导员来说，常见的审美实践活动例如参加文艺表演、摄影、书法、诗词创作等活动。

除了审美体验、审美观察、审美创造以外，辅导员还有一种开展审美实践常见路径——将审美实践拓展至各项日常工作中，从中找到美的结合点，深入挖掘审美教育的素材，将美育教育融入其中。辅导员审美素养的提升不是靠关上门或者一个人就能完成的，与大学生美育教育相关的能力，就要靠与大学生亲密接触才能得到更有效的提升。既然最终都要用于大学生审美能力的培育上，就应该在离大学生最近的地方去找机会。日常学生工作是辅导员开展大学生思想政治教育的主阵地，自然也是开展大学生美育教育的重要载体，是检验审美教育理论是否能有效地用于指

导审美实践的场所。一种审美教育理论是否有效，是否适合学生，是否能促进学生的成长发展，日常学生工作事务能提供准确而及时的反馈。因此，辅导员审美素养的高低，是在参与、指导学生开展美育实践活动的过程中展现并提高的。这个过程是实践—反馈—总结提升—再实践—再反馈—再提升……循环前进、螺旋上升的过程。下面笔者用日常工作中的实例来详细说明，辅导员如何利用日常工作实现大学生审美教育与自身审美素养提升的双重效果的。下面笔者举两个例子。

以入党积极分子培养教育考察工作为例来说明。入党积极分子培养教育考察过程是学生党员发展的必备环节。辅导员通常兼任学生党支部书记，肩负着将优秀学生吸纳进党组织的重要责任。那么，如何用党的先进理论武装青年，用党的先进思想感染青年，用党的高尚信仰引领青年，使青年大学生自觉向党组织靠拢，就成为学生党支部书记的重要目标。对于入党积极分子培养教育考察工作来说，其中一项重要的内容是"加强理论知识的学习"，那么，应该如何才能让学习落到实处，取得真正的效果呢？传统的党员培养教育方式主要是上党课，授课方式侧重于理论讲授，关注的重点是理论知识教育，但党性修养必须通过深入体验和实践才能铸就。

于是，结合党的二十大报告提出的弘扬以伟大建党精神为源头的中国共产党人精神谱系的要求，结合学生的专业特点——艺术类专业学生有绘画功底，笔者探索实施更适合艺术类学生的党员培养教育活动——我为党员画张像，建党精神入我心。活动的本质，是通过寻访党员故事、为党员画像等实践过程，让入党积极分子近距离感受优秀党员的信仰美、思想美、行为美，并通过积极向党员楷模们学习，而不断提高思想觉悟与行动自觉，最终成长为党的合格接班人与可靠后备力量。入党积极分子们能通过参与该活动得到深刻的洗礼和精神上的升华的前提，是学生党支部书记在策划时就将这一目标设定为所有活动的总目标。

活动要能真正打动学生，必须先要打动设计者本人。因此，让入党积极分子们学习的党员故事，党支部书记先要学习了解一遍。只有找到那些能感动自己的故事，深度挖掘故事中蕴含的精神之美，并用学生方便接受的方式将这些精神之美传递给他们，才能让"精神内容"之水自然流入学生入党积极分子心灵之"田"。而这个过程对党支部书记来说，本身就是加深审美体验的过程。

以中共党员杜富国的英雄故事为例。通过媒体的报道，我们都知道杜富国是陆军某扫雷排爆大队战士。于2018年10月在排雷作业时突遇爆炸，将战友护在身后，自己却身受重伤，永远失去双眼和双手。我们还知道，他因此荣立一等功，并入选"感动中国2018年度人物"，被中宣部授予"时代楷模"称号。但仅仅通过这些故事，我们对杜富国身上的精神品质感受还不够深刻。于是，党支部书记就要开始深入查阅他的相关资料，以便更加生动、深刻、全面地展示他的精神品质。当查阅到关于杜富国生活中的一则小故事时，党支部书记看到了一个忠诚坚定又真实的英雄形象，知道了他为保护战友而选择牺牲自己的"其然"，更进一步体会到他为什么愿意这样做的"所以然"，受到深深的触动。于是，党支部书记将这则故事加入学生入党积极分子学习的素材中。党支部书记的精神世界也在这一过程中逐渐丰盈和升华。

学生党支部书记每次读到这则故事，都会眼眶湿润，声音哽咽。情感世界永远是相通的。只有首先将自己打动的好故事，才有可能带给学生心灵的震撼。每一遍阅读、咀嚼、体会，都让学生党支部书记更深刻地感受到共产党人的崇高追求、钢铁意志和忠诚情怀，都会更加坚定将这些美好品质传递给学生的决心。

素材选择好了，下一步就是将它呈现给学生，让学生品读后画像。学生党支部书记在这个过程中要起到的作用是引导。一是要引导他们挖掘出故事中的党员英雄与平日了解到的形象的不同之处。因为，正是这些不同平日的点，才是有可能打动他们的点。二是要引导他们思考如何用绘画艺术的手法一步步将党员精神表现出来。在这里，党支部书记需要比学生多想一步，早做一步，将用绘画艺术表现人物精神品质的过程解剖开来，一层一层地展现给学生并引导他们的实践。从初步勾勒精神骨架，到深入全面地体会和领悟党员楷模的精神品质，在不断地思考和体会中逐渐实现思想的转变和进步，再找到恰当的艺术手法对人物的样貌、动作、神态等进行刻画。

教师要指导学生在精神与绘画艺术这两种美的形式之间找到恰当的对应。作品有了精神的加持更显生动传神，学生在两种美之间反复探索，对美的理解将更加深刻，对美的表达将更加准确。在此过程中，学生对美的理解程度会通过语言、神态、作品质量反馈给教师。学生理解得不够深刻，是不是因为故事对人物的描绘还不够生动？是不是还没有抓住这位英雄人物最核心、最动人的精神品质？是不是对学生的解读没有找准他们的思维特点和习惯……诸如此类的反思，是教师审美实践的必备过程，基于反思的审美实践才能更加深刻，才能更加有效地促进教师和学生双方审美素养的提高。

另举一个墙绘美育志愿服务实践的例子。辅导员指导学生志愿者开展墙绘美育志愿服务的水平如何，往往决定了志愿服务的成效，也体现着辅导员审美素养的水平和审美能力的高低。指导学生开展墙绘美育志愿服务的第一步，是确定墙绘的育人目标。为什么而画，往往比画什么、怎么画更关键。通过对国家乡村振兴政策的学习，结合大学生暑期"三下乡"社会实践的契机，墙绘美育志愿服务定在广大农村开展，是响应国家乡村振兴的号召，大力建设乡村文化的有效举措，也是引导广大青年学生将美的事业做到广袤的乡村大地上的重要措施。从国家各项政策及对教育的要求中准确地提炼出这些期待，本身就是对辅导员能力的较高要求，需要扎实地研究和学习国家关于乡村振兴的方针政策，发掘学生的专业特长，努力寻找学生的专业特长能为国家乡村振兴战略贡献力量的结合点——用绘画艺术建设乡村文化，从助力乡村文化振兴的角度夯实乡村振兴的文化软实力。

前面提到过，辅导员审美素养的一个特点是"与时俱进"，紧跟国家发展的要求与号召，将青年大学生团结起来，为落实全面建成社会主义现代化强国的各项任务而贡献自己的一份力量。墙绘在农村大地的意义已经超出一幅画的意义本身，而上升到青年学生建设美丽乡村，构筑一个集物质生活与精神世界共同富裕的社会主义新农村的艺术实践与探索的高度。学生美育社会实践至此已被赋予了更高的历史使命。

指导墙绘美育志愿服务的第二步，是确定墙绘内容。以什么作为墙绘的内容，才能更好地起到营造深厚的文化氛围的作用？可以画的内容很多，山川、河流、建筑、人物……但画什么才能与国家对乡村振兴的蓝图更契合呢？根据文件，我们了解到乡村振兴的总要求是"产业兴旺、生态宜居、乡风文明、治理有效、生活富裕"。因此，墙绘要围绕实现这些目标而开展，绘制一些能展现乡村特有的历史、文化、自然风光、民风民俗的墙绘内容，促使村民树立文化自信。绘制一些能通过与现有资源相整合而生成新的资源的场景规划与未来展望，使村民们对乡村未来的样子满怀希望。还可以展示乡村振兴已取得的阶段性成果、人民物质生活和精神生活等方面发生的变化、变迁。通过卷轴画面的形式徐徐铺开，在回忆与当前的鲜明对比中，让村民们得到满满的获得感，增强"撸起袖子加油干，全力以赴向振兴"的干劲儿与信心。绘制一批孝老爱亲、尊师重道、助人为乐、睦邻友好、路不拾遗等中华优秀传统美德的宣教图，以村民们能看懂的连环画的形式寓教于美，使乡亲们在茶余饭后、放松休闲之时能被生动的绘画吸引，从而渐渐将美好的德行内化于心，外化于行，为文明乡风建设贡献力量。

墙绘的内容须由辅导员提前审定把关。墙绘之前，辅导员应当将所有参与墙绘志愿服务的学生集中起来，将国家关于乡村振兴的文件政策、乡村振兴的目标任务规划等向学生们解读传达，使整个志愿服务活动从组织策划者，到协调传达者，再到具体落实者，都对活动的目标、任务、方法、预期成效等有一个清晰的认识。只有这样才能保证最终画出的墙绘能更准确地传达出乡村振兴的理念。而学生和辅导员在具体实践过程中，均收获了对乡村之美的理解、对乡村之美的准确表达，以及利用艺术之笔描绘乡村之美的精髓，从而达到引领乡村文化建设目的的体察与感悟。

第五章

贴合学生需求，
实施有温度的美育

第一节

新时代大学生的需求

美学界和教育界从未停止过对美育的探讨，目前对美育的观点主要有感性或情感教育、艺术或美学知识教育、审美力或创造力教育、人格或人生境界教育。笔者认为，美育是指通过引导教育对象认识美、欣赏美、体验美、创造美、传播美，提升审美素养与人文境界的教育过程。它集艺术教育、道德教育、素质教育、文化教育于一体，孕育着艺术美和精神美。高校美育工作则是以大学生为教育对象，通过思想政治教育、文化教育、实践体验、艺术教育等形式，培养能认识美、体验美、欣赏美、创造美和传播美等能力的育人过程。高校人才培养的目的是为党育人、为国育才，所以高校美育工作的重要职责之一是引导大学生坚定理想信念，涵养中国精神与中国价值，培养具有知美、审美、求美的社会主义事业建设者和接班人。帮助大学生具有良好的审美能力和人文素养，是高校美育工作的内在动力。而高校美育工作的成效如何，受到多种因素的影响。大学生是高校美育工作的对象，是美育活动的直接参与者和作用对象，他们对美育的需求是什么，这些需求是否得到满足，得到多大程度上的满足，他们对美育活动的接受度如何……这些问题将直接决定高校美育工作的成效，值得高度关注。高校美育工作的核心在于促进大学生全面发展。全面发展的前提是各方面发展的合理需求得到满足。因此，高校美育工作实践是否能卓有成效的关键在于是否能满足大学生的全方位发展需求。

一、需求的分类

（一）自然性需求

对美的追求是人类的自然需求之一。追求美好的事物是人类的天性，欣赏、体验美好的事物能让人产生愉悦之感。这是高校美育工作得以顺利实施的生理学基础。高校美育工作应当引导大学生认识到，对美的基本追求是自身的自然性需要。只有认识到了这一点，大学生们才能将参加、支持高校美育工作作为顺应自然状态的过程，提高参与意愿。

（二）精神性需求

大学生有提升审美能力和人文素养等精神性需求。精神需求是满足心理和精神活动的需要。当人的物质需求得到满足后，就会产生更高层次的精神需求，如自尊、发挥自己的潜能、精神上的娱乐等需要。具体到美育中，就是希望提升自身审美能力和人文素养。提升审美能力与人文素养是提升大学生内在素养的重要方面。除了专业知识的学习以外，大学阶段还需要不断丰富精神世界，提升文化修养。离开大学踏入社会后，决定一个人能走多远的可能不是专业知识，而是他的内在修养。高校美育工作如果能有效提升学生的审美能力与人文素养，并引导他们意识到这种精神上的提升对他们人生发展的价值，将大大提升学生参与美育活动的积极性。

（三）社会性需求

社会性需求是指对艺术、道德、知识、交往、劳动等的需求，是对维持和发展社会正常生活所必需的条件的反映。高校美育应该提升大学生对美的理解能力和运用能力，运用自身对美的理解来满足自身的社会性需要，从而使自己立足社会、服务社会。

大学阶段是一个人受教育过程中十分重要而关键的阶段。当今时代的大学生正处在"拔节孕穗"的关键期，这个阶段的大学生的主要特点是身体已基本发育成熟，但心智发育相较于生理发育有一些滞后，他们的价值体系还没有完全建构，容易受到外界环境的影响而产生动摇甚至偏移。高校思想政治教育工作就是通过帮助处在这一阶段的大学生们解决学习、生活、择业、交友等方面遇到的实际困难，从而对其进行思想教育与价值观引导，帮助大学生们树立正确的思想道德意识与价值观念，对大学生们完善自我，实现充分发展有着重要意义。

高校思想政治教育通过课堂讲授、课外活动、社会实践等多种方式开展。高校思想政治教育是否能对大学生的成长成才产生切实的效果，以及发挥出多大的价值，一方面取决于思想政治教育相关活动的组织水平，另一方面与大学生们在多大程度上接受并认同思想政治教育的内容密切相关。00后大学生是独立、有个性、对事物有自己看法的一代，加之互联网技术的深度发展，他们获取信息无比便捷，他们完全不缺乏信息输入的渠道，他们缺少的是能够真正走进他们内心、引发共鸣的信息。因此，想要让今天的大学生们愿意积极主动接受思想政治教育，不能靠强制手段，而应该在如何能真正走进他们内心，如何能有效引发共鸣上下功夫。从心理学角度来看，人具有趋利避害的本性。人们更容易接触和接受与自己有相似之处，或者能满足自身某种需求与期待的态度、观点、思想或行为。那样会让他们感到安全。由此看来，摸准大学生的需求，有针对性地设计满足他们合理需求的活动，创造有利条件，助力他们追求合理的需求，是提升思想政治教育接受度和认同度，进而提升思想政治教育实效性的路径。

人们有很多的需要，作为思想政治工作者，先要了解受教育者的各种需要，有的放矢，尽可能地满足受教育者的合理需要，纠正受教育者不合理的需要观。这才是增强思想政治教育实效性的根本途径。

二、
新时代大学生需求的特点

（一）大学生对美的认识片面化，本质上反映出对美的自然性需要不足

大学生对美的认识不够全面。可能是受西方娱乐思潮和经济社会快速发展带来的所谓成功的浮躁气息的影响，当今时代的大学生更倾向于从事物的表面去理解美，而对美的内在本质的理解不够深入。他们没有意识到美不仅仅在于事物的表面，还体现在内在的诸如思想、品格、品质、价值观中，是支撑人作为社会存在物活下去的资料。相当一部分大学生认为名牌衣服、奢侈品、化妆品等就等同于美，他们往往对看似普通但实则闪耀着人性光辉的普通的人的和事视而不见，对美的理解片面而不真实。就像肥皂泡一样，看似美丽绚烂，但经不起任何风雨，容易幻灭。

（二）大学生对美的追求趋于功利化，本质上反映出对美的精神性需要不足

功利，即有用，可分为有用之用与无用之用。什么是有用？这个对于当今时代的青年大学生来说理解过于片面。无用之用，是那些深层次的、内在的、不会产生立竿

见影效果的事情。例如，能够使人拥有更高尚的情操、更宽广的胸怀、更深厚的底蕴、更扎实的学识、更丰富的情感的事物。相较而言，有用之用是那些能给大学生带来较快、较明显成效的事物。由于今天的大学生已是"00后"甚至"05后"，他们成长于经济高速发展、物质条件较丰裕的环境中。一方面，改革开放的成果初步得到显现，家庭、社会更迫切地需要高智力、高技能、高学历人才，从某种程度上忽视了对大学生内在修养等的关注与培养。社会需求这根指挥棒继而引导学校、家庭和个人重视成长速成能力，而忽视那些打基础、修内在的素养与能力。对于大学生自身而言，他们对美的追求也掺杂着功利色彩，影响着他们对美的判断标准，决定着他们追求美的内容。

（三）大学生对美的创造力不足，本质上反映出对美的社会性需要不足

创新是民族进步的灵魂，是一个国家兴旺发达的不竭动力，是推动人类社会向前发展的重要力量。对于个人来说，创造力有助于提出新的看法，取得新的突破。在互联网飞速发展的当今时代，大学生浸润在互联网营造的虚拟世界中，对真实世界的观察、理解、思考与感悟越来越少。缺少了真实世界的刺激，严重制约了大学生想象力和创造力的提升。对美育而言，不仅需要引导学生去学习美、体验美、传播美，还需要不断创造美，从而丰富美的形式。因此，提升大学生对美的创造力，是摆在当今高校美育面前的重要课题。

辅导员是离学生最近的一群人，他们了解学生的特点，知道学生的急难愁盼，清楚学生的喜怒哀乐，如果他们的工作过程蕴含美，工作方式充满美，工作结果就一定能让学生感染美、提升美。学生被美的环境、美的教育、美的语言沐浴着，就一定能自然而然地提升审美素养与审美能力。

对高校而言，不重视美育的高等教育，人才培养和素质教育就无从谈起；对个人而言，美育的缺失将是人生的缺憾；对社会而言，面对我国经济发展进入新常态，在经济社会转型升级时期的关键期，要实现从制造大国向制造强国甚至创造大国、创新大国的飞跃，美育的作用日益凸显，美育已经渗透到了科技创新、工艺设计、装备制造、文化创意、日常生活等经济社会发展的方方面面。这就意味着，美育关乎社会可持续发展与繁荣昌盛，不论从事什么职业，具有较高的审美与人文素养既是社会发展的必然要求，也是个体立足于社会的拔高要求。

鉴于此，高校美育肩负着重要使命。首先，高校美育应引导大学生形成健康向上的审美观念与富有情趣的审美品位。其次，高校美育应帮助大学生具备基本的审美能力。再次，高校美育应致力于培养大学生创造美、传播美的能力。教育活动的基本目标是对知识的传播，但知识并不仅仅就能代表素质，知识要转化为素质就要受教育者对所学内容进行内化，即知识的素质化。要完成这个素质化过程，从生理层面需要直觉思维与理性思维互通互补，而审美教育可以有效地促进这种互通互补。美育不仅能够促进形象思维能力的提高，而且能产生理性思维的飞跃，从而有效地促进自觉的理性与理性的直觉相统一的文化机制的形成。这种心理就是大学生专业知识的内化过程，即素质形成的过程。因此，美育在大学生素质教育中具有举足轻重的作用。

美育对青少年健康成长具有重要意义。以电影艺术这一艺术形式为例，它借助视觉直观性、语言独特性等特点直达青少年的心灵深处，具有强大的感染力与震撼力，能激发青少年内心深层次的情感共鸣。这种共鸣相当于为教育内容的灌输打开了通道，扫除了障碍，铺平了道路，教育的实施则是水到渠成、顺理成章的事了。可见，电影在实施青少年美育教育方面有着得天独厚的效果。

《放牛班的春天》是教育界享有盛名的探讨美育的电影，真实地反映了音乐美育对于塑造青少年健康心理、培养创造力的巨大影响力。在多媒体时代，在商业利益的驱动下，媒体上充斥着暴力、拜金、低俗、庸俗的现象，给青少年带来了巨大负面影响，甚至是心灵上不可逆转的伤害。如何用积极的教育内容引导青少年是一个时代课题，也是高校肩负的重要时代使命。具体而言，要从以下三个层面作出努力。

一、
深入了解大学生对美的真实需求

在高校美育工作中，大学生的需要是教育工作者关注的主要矛盾。因此，要提升高校美育的效果，就要从大学生的实际需要入手。高校美育工作的开展要顺应艺术教育的发展规律，符合大学生发展的具体需求。努力改善教育供给结构，形成丰富、多元、可选择的新供给侧结构。随着经济社会的发展，广大青少年乃至全社会，对提高审美素质的需求越来越强烈，对学校美育的需求也越来越高。在高校实施美育教育的过程中，常常出现学生"被美育"的现象，即教育者认为大学生需要什么样的美育就实施什么样的美育。看似积极开展了美育教育，实际上只是形式美育，沦为形式主义，并未真正走进大学生内心，不曾触动他们的心灵，更谈不上产生积极的育人效果。究其原因，是因为这样的美育教育没有以学生的真实需求为出发点。

举例说明，高校举办的美育活动常常是"自上而下""整齐划一""一刀切"，因为相关部门认为需要开展某个活动而开展某个活动。诚然，这个活动的初衷的确是想提升学生的审美能力、人文素养等，但在当前时空面对当前对象有效果的教育活动和方法，当切换一个时空面对不同的教育对象时，很有可能效果就不一样了。教育的时空和对象发生了变化，就应当对教育方法与素材进行相应调整。这种调整，要紧扣学生的实际需要。从学生的实际需要出发，找到美育教育与学生实际需求之间的有机结合点，尽量做到既解决学生审美素养提升这一思想问题，又能解决学生日常学习、生活、择业、发展等实际问题，将解决学生的思想问题与解决学生的实际问题有机结合，这样的美育需求才能"自下而上""从内而外"自然生长出来，才能真正受到学生的欢迎，也才有可能持续、健康地发展下去。

以在理工科背景高校开展美育工作为例。在开展美育活动之前，须对理工科院校学生进行"整体画像"，即通过问卷调查、集中走访、个别访谈相结合的方式全面掌握工科背景学生有什么特点，兴趣点在哪里，关注什么，在乎什么……具体到美育方面，他们对美育活动的理解是怎样的，对什么样的美育活动有兴趣，如果学校要开展美育活动他们有什么期待……掌握了这些需求信息，就等于找到了美育活动的方向，是美育活动发挥作用的重要前提。

笔者所在的高校就是一所具有理工科背景的学校，在开展美育活动时，通过调查问卷了解了学生对美育活动的整体认知、态度、期待等，又通过与多位辅导员、班导师的结构性访谈，掌握了学生在实际生活、学习、学生工作、择业、交友、求职、面试、创业等方面存在的真实困惑、切实困难，再结合对部分学生代表的深度一对一访谈，对理工科高校学生进行了一次较全面的"美育画像"——理工科背景学生美育需求调研分析报告。学生普遍反映最突出的困惑是，他们想参加美育活动，但又因为参加的多数美育活动没有"实际效果"而中途放弃。对于理工科背景的学生来说，有"立竿见影"效果的事，要比单纯体验性的活动有吸引力得多。他们希望的所谓"立竿见影"的效果，其实是指能对他们的学习、生活、就业等方面产生可迁移的帮助，能解决他们遇到的实际困难。虽然在学习中想得到立竿见影的效果并不科学，也不是教育中应该提倡的价值观，但对于初接触美育的理工科背景学生来说，这无疑是能激发他们参与动力的重要考量因素。而作为一种教育，能让学生产生参与其中的兴趣本身就是一个好的开始，是循序渐进、不断完善的基础。

基于这个考虑，笔者组织开展了"遇见最美的自己服饰穿搭沙龙"，针对理工科学院的学生在求职、面试中服饰搭配、形象设计知识欠缺等实际问题开展交流分享，邀请美术学院服装设计专业的教师和研究生为学生们分享不同场合、不同年龄段、不同职业对服装、饰品的搭配要求与特点，讲解不同场合中的礼仪要求。还现场根据学生的要求和期待进行了"素人改造"，即利用现场的服装、饰品等，对参与者进行形象改造、升级，使他们的服饰造型等更适合某个场合的要求，得到了学生们的一致好评。因为它不是形式化的、口号式的美育活动，而是与学生的关键需求——求职、就业紧密结合起来的。学生在活动全程都有很强的参与感、体验感、代入感和获得感，会有实实在在的收获和进步，而不是参加活动时轰轰烈烈，活动结束后"悄悄地走，不带走一丝云彩"，好像从没有参加过似的。参加这次活动的学生在活动结束时普遍对下一次活动很期待，希望能开发更多与他们个人成长和发展高度相关的活动，他们参与的积极性很高。

二、
鼓励大学生关于美的理性需求

大学生具有良好的审美和文化素养，是高校美育工作的内驱力。而高校美育工作在多大程度上满足大学生的需要，将直接决定着其成效如何。首先，高校美育工作能否使大学生认识到对美的基本追求是其自然性需要；其次，高校美育工作能否满足大学生提升审美能力和人文素养的精神性需要；最后，高校美育工作能否引导大学生合理运用自身关于美的理解和能力，满足自身的社会性需要，既能立身于社会，又能够服务于社会。

"温度"是高校思政工作的逻辑起点。不断提高思想政治教育工作的质量和成效是新时代高校思政工作的重要目标，也是高校思政工作的逻辑依据。教师作为思政工作的执行者，肩负着立德树人、教书育人的崇高使命。为了完成这一使命，教师必须时刻保持对教育事业的忠诚与热忱，保持对人民、对国家的忠贞不渝的信仰，

这是做好高校思政工作的思想保证，也是高校教师内心"温度"的外在表现。

思想政治工作从根本上说就是做人的工作，必须围绕学生、关照学生、服务学生，不断提高学生思想水平、政治觉悟、道德品质、文化素养，让学生成为德才兼备、全面发展的人才。不断提高思想政治教育工作的质量和成效是新时代高校思政工作的重要目标，也是高校思政工作的逻辑依据。辅导员作为高校思想政治工作的骨干力量，肩负着立德树人、为党育人、为国育才的重要使命。因此，高校辅导员开展思想政治教育工作时应当提高针对性，增强亲和力，充分考虑学生需求，发掘学生优势，营造良好的情感氛围，用有针对性的工作思路与措施及时回应学生的需求，拉近与学生心灵之间的距离，将思政工作的温度传递给学生，在帮助学生学习专业知识的同时，引导其树立正确的世界观、人生观与价值观，全面客观认识当代中国与外部世界。

"温度"是高校思政工作的重要推动力。要做好高校思政工作，保持日常工作对青年学生的持续吸引力是关键。高校辅导员作为高校教师的重要组成部分，作为与青年学生"站在一起""学在一起""干在一起"的成长引路人与贴心伙伴，他们的自身人格魅力对于保证思政教育的温度具有重要意义。辅导员的温度体现在他们的性格、能力、为人处世、日常生活、一言一行中。学高为师，身正为范。老师的一言一行、一举一动都能于潜移默化中对

学生产生影响力和吸引力。辅导员提升教育温度的根本途径就是要积极践行总书记提出的"有理想信念、有道德情操、有扎实学识、有仁爱之心"的要求，做"四有"好老师，自觉做先进思想文化的传播者、党执政的坚定支持者，用实际行动为学生打标树样，更好地承担起青年学生健康成长的陪伴者、指导者和引路人的责任。

"温度"是高校思想政治教育工作得以升华的重要支撑力量。大学生处在世界观、人生观、价值观尚未完全成熟与定型阶段。由于认知发展的阶段性局限，他们对思想政治教育理论、政策等的理解能力有限，需要教育者循序渐进地、细致地加以引导。加之思想政治理论、政策一般较抽象，如果直接干巴巴地讲理论，很难让学生感同身受，这就是对高校思政教师的考验。如何使抽象的思想政治理论变得形象，让学生觉得可亲、可感、可理解，如何让思政教育活动更加丰富多彩，使学生可参与、可体验，让原本感觉"遥不可及""难以理解"的高深理论走到学生的身边，走进学生的心里，是值得高校思政教师探讨与思考的问题。

三、
落实"三全育人"，积极调动各种资源满足大学生的审美需求

"三全育人"理念，即全员育人、全程育人、全方位育人。在"三全育人"理念的指引下，高校美育工作应该积极实现美育的全员性、全程性和全方位性，积极调动各种资源来满足大学生的审美需求，促进学生整体审美能力与人文素养的提升。

（一）调动全体教师对美育工作的积极性，实现1+1＞2的育人效果

根据工作性质与分工的不同，大学教师包括专业教师、

辅导员、行政人员三大类。推进全员育人在美育教育中发挥重要作用，就是要争取一切可以争取的力量，形成育人合力，共同做好大学生美育工作。美育不是某一个老师的职责，应该是全体教师的职责。一提到美育，一些专业教师可能觉得与自己无关。尤其是非文科类专业教师，他们认为自己只要教授专业知识即可，提升大学生审美素养与审美能力不在职责范围内。其实不然，除了课外美育活动以外，大学生提升审美能力与素养的一个相当重要的渠道就是课堂学习。发现所学专业所蕴藏的美，发现科技之美，是学生深入学习所学专业，在后期进行基于专业知识的创造性活动的重要基础。对于专业教师来讲，单纯地传授专业知识，不仅枯燥，还不利于学生建立起完整全面的对所学知识的认知。

大学老师不仅要授业解惑，还应传道。在讲解知识的同时还要传递正确的价值观，传递真、善、美。将对"何为美"及"何以为美"的认知有机融入课堂讲授，在讲解专业知识的同时，自然而然地将对美的理解，以及对大学生应当如何实践美的期待传递给学生，寓美于教、寓教于美、教美相融，提升学生审美素养于潜移默化之中。

高校辅导员是开展大学生美育的主力军。他们开展美育的主阵地是第二课堂。对于辅导员来说，应当不断提升自身审美素养，发挥角色示范作用。辅导员在学生工作的第一线，是与学生最近的群体。他们对学生思想政治教育活动的开展有自主权与主导权。他们自身如何表现，在学生面前展示什么，如何展示，都将直接影响学生的认知。大学生正处在三观建立的关键阶段，辅导员的审美素养直接关系到大学生的审美素养。

高校辅导员要始终以"学高为师，身正为范"的标准来要求自己，让大学生追随和效仿这种品行美，化思想政治教育过程于无形之中。办公室里，以高屋建瓴的思想启发学生，为他们打开格局与视野，让他们感受到思想之美。办公室外，在课外活动中，转换成"亦师亦友"的角色，用乐观的性格感染学生，用积极的人生态度引导学生，用贴心的陪伴感动学生，让他们感受到高尚的道德教养与积极的性格品质的完美结合，让大学生心甘情愿地接受思想教育与引导。因此，高校在辅导员队伍建设方面，应注重提升其审美素养，培养一批具有较高审美素养与审美能力的高素质辅导员队伍，以便更加准确、高效地开展美育理论知识的传播，美育实践活动的策划、组织、管理，以及美育与大学生思想政治教育有机融合与促进的研究工作。

辅导员不仅要注重自身审美素养的提升，起到良好的示范作用，还应当利用辅导员亲和力强、与学生朝夕相处等优势，深度体察学生的需求，了解他们的所思、所想、所忧、所惧，用美育的手段为他们排忧解难，让美育教育成为真正能温暖学生心灵的教育。下面举两个笔者在学生工作中融入美育教育起到良好效果的例子。

案例一：

一天，小文走进办公室说："老师，我想换宿舍，我真的快受不了了，我要崩溃了！我想马上搬走，我知道哪里有空床位，您能不能直接批准啊，求您了！"受到刺激后的崩溃语气加上近乎哀求的眼神，让我意识到事情没那么简单。我问她为什么要换宿舍，她说因为她觉得室友不尊重她。我不停地追问她到底哪里不尊重，她始终埋着头，拒绝正面回答。我见她情绪不对，放弃追问，约好等她心情平复一些了再聊。

她走后，我详细查阅了她的成长档案，与她的父母通了电话，又与她的室友谈了话，侧面了解了她的成长背景和关系模式。针对小文的情况，我制定了初步谈话方案，两个词：倾听与肯定。

第二天，小文如约而至，我寒暄几句，她仍低头不语。"室友们说，刚进宿舍时她们觉得你像个大姐姐一样照顾她们，很融洽。"我打开话匣，故意将场景拉回进大学初期四人刚住在一起的时候，引导她意识到宿舍关系的变化是有原因的。她仍不作声，表情麻木，一脸拒人千里之外的冷漠。"你对她们这么好，没得到希望的回应，心里肯定不好受吧。"接着我想通过共情让她开口，她还是沉默不语。我又说："你这么会照顾人，是不是因为一直以来你爸妈也用他们觉得好的方式把你照顾得无微不至？"她突然就点了点头。我说："你觉得父母这么做，好吗？"她摇头。我说："那你觉得父母尊重你的想法吗？"她的眼圈儿一下就红了，鼻翼开始颤抖，低声抽泣。我说，这里只有我俩，我愿意听你说。她终于大哭一场，决定说出她的"故事"。

"从小，我爸妈就帮我安排好一切事务，我要做的只有"执行"，没人真的在乎我的感受。起初，我还会表达不满，因为我对事情也有自己的想法，但他们总把"为你好"挂在嘴边，继续忽视我的意见。时间长了，我慢慢学会隐藏自己的想法，在他们面前扮演乖巧顺从的女儿，但我骨子里是叛逆的，没有人懂我，我也不知道跟谁说，我被压得喘不过气来，经常夜里哭。"委屈、压抑，此时的她已经泣不成声。我递过纸巾，用手抚摸她的背，像安抚一个摔倒哭闹的孩子一样，希望能给她些许安慰。小文整理了一下情绪，接着说："进大学，到了一个新环境，暂时离开父母，我想终于能用自己的方式过一回。作为宿舍中唯一一个本地人，我认为应该照顾来自外地的室友，于是主动承担起诸如打扫卫生这种生活琐事，还会帮大家安排一些宿舍事务。刚开始大家关系都挺好，但是不知道为什么，她们三个突然就不跟我说话了，那种被孤立的感觉再次向我袭来，我不知道该怎么办……"

听了小文的诉说，结合自学的心理学知识，我判断她的问题根源在于将成长过程中不被父母"看见"的关系模式投射到了与室友之间的相处中。时间长了，引起了室友们的反感，认为她是一个强势的不懂得尊重的人，激发了室友的敌对情绪。小文感到付出了真心而没得到应有的尊重，长期积压在心底的原生家庭中感受到的忽视与压抑一触即发。解决这场宿舍矛盾的关键在于帮小文梳理内心的情绪，将原生家庭带给她的忽视和不尊重的感觉与宿舍关系带给她的感觉剥离开来，客观地看待当下的关系。

多年的辅导员工作经历使我慢慢发现，有很多所谓的"问题学生"都像是"一把锁"，而我要做的就是找到开锁的钥匙。我想不论我能不能帮他们解决困难，都应当安慰他们，或者至少成为他们倾诉的对象。

小文伏在我的办公桌边放声大哭，将压在心底很久的话通通倒出来。我在一旁没有打扰她，只适时地递上纸巾，想让她将积压的情绪尽量宣泄出来。过了好一会儿，见她情绪稳定了些，我站起来给她倒了一杯温水，将凳子凑近她，把水杯放在她手心里握住，尽量让她感受到温暖。她抬起头用哭红的双眼回应我，眼神里多了一份信任。"我知道自己有些事不该那样做，想对她们好，用错了方法，让她们感到不舒服，但我控制不住自己。"小文无助、痛苦的表情提示我，过往生活的阴影可能导致了更深层次的心理问题。"我知道，你是一个善良又热心的孩子，目的和结果中间由方式方法连接，方式方法错了，结果可能事与愿违。我尊重你的决定，给你时间想清楚，不论换还是不换，我都支持你，也相信你能慢慢学会与人相处。"与以往解决宿舍矛盾不同，我没有说服她不换宿舍，而是给她选择的权利。在条件允许的情况下，给有心理阴影的孩子一个重新开始的机会，或许才是最熨帖的关怀。而感受到了真正的接纳与关爱，有效的思想政治教育才有了温润的土壤。

几天后，小文跟我说想了很久，最终还是决定换一间宿舍换一个环境。我答应她，帮她协调了一间新宿舍，同时建议她去找校心理健康中心的老师聊一聊。她欣然应允，态度积极了许多。又过了半个月左右，她主动向我反馈与新室友的关系："与新室友已经相处了两天，目前来说都还可以。以前出现的问题，我现在也会去克服它，解决它，会处理好宿舍关系的。这段时间我也好好调整了自己的状态，我相信之后会更好的。之前让您担心了，谢谢您！"

对于因心理问题产生人际交往障碍的学生，在解决了当下的问题后，我习惯性地"跟踪关注"。为了不给小文造成心理负担，我尽量利用走访寝室、查课以及上下课路上碰到的机会了解她的近况。最明显的改变就是脸上的笑容更多了。

慢慢地，小文与室友的相处状况得到了改善，接下来她需要在更大的范围内增强适应力，提升人际交往能力。我想找个合适的机会为她提供一个更大的平台。没过多久，机会来了。跟班导师的一次工作交流中了解到，小文所在的班级要改选班委。"如果小文能竞选成功，对她来说将是一个更大的认可"，我心里盘算着。于是我去宿舍找她谈心，鼓励她竞选班委，与她探讨班委的责任。在帮她分析不同职务的特点与自身特长之后，她决定竞选学习委员。几天后，选举结果出来了，她兴冲冲地来到我办公室报喜，"我上了，老师，学委！毕业后我想考研，当学习委员既能帮助同学，又能时刻提醒自己要自律。"我听着她对未来的规划侃侃而谈，思路清晰。我看着她，不久前那个脸色阴郁、崩溃无助的姑娘早已不见。

当年教师节，正在与学生谈话的我，收到同事发来的微信推文，点开一看，"教师节特辑——我心中的好老师"，往下翻发现了小文的名字，我一口气读完。那句"在历时一年半的宿舍冷战期间，这是我第一次感觉还有人关心我，安慰我，相信我，温暖我"依旧让我心疼。那句"现在，我学会了与人相处，改变了，成熟了"让我甚感欣慰。那一瞬间，我又一次感觉到，被看见，对一个学生来说是多么深切的滋养。

已经完整带完两届毕业生了，笔者深刻地感受到每一个学生都像是一把有着独特锁扣的锁，用耐心与爱心共铸的钥匙也不见得都能打开。很庆幸，这一次，我打开了这把锁。当学生被带有足够真诚的爱与温暖包围时，他们的心都会因此而变得柔软而向善。不需要太多的鞭策，他们也将向着阳光前行。

如果说这个案例中的学生是被美疗愈了，那下面这个案例中的主人翁小美则是在辅导员贴心的关怀与指导下走上了"崇真、向善、求美"之路。

案例二：

"老师，谢谢您鼓励我，为我打开了大学生活的第一扇门。"整理办公室时，无意间翻到一张小美送我的卡片，记忆瞬间被拉回2015年的秋天。

开学典礼眼看就要到了，还没选出合适的发言代表。我详细翻阅了206位新生的入学登记表，筛选出6位综合素质相对较好的学生。我通过一对一谈话，从语言表达、形象气质、精神面貌等方面对这6人进行了考察。结合以往的经验，我认为其中一位叫小美的学生有可能就是合适人选。于是我约她谈话，问她对竞选新生发言代表的想法。"我？我不行，我从没上过台，怕搞砸了……"她本能地把书包挪到胸前，身体语言提示我她想用紧锁的心门挡住一切不安全的尝试。"过去不重要，重要的是你想不想改变？大学就是挑战自我的平台。"

此时离开学典礼仅剩5天，虽然小美的底子不错，但上了台就发抖，表情也很不自然。"我还是不行……"眼看着就要打开的心门又要被自我怀疑关上了，我立刻鼓励道："你无非就是不太习惯在众人面前讲话，我们专找不熟悉的人练，练多了就不怕了。我陪你！"

我陪她逐字逐句打磨演讲稿，带她去不认识的老师和同学面前试讲，请人示范演讲仪态，帮她调整表情。全程陪同下来，我也"偷"学到不少演讲技巧。变化在悄然发生……正式的开学典礼上，小美的演讲语言流畅，落落大方。结束后我给她看现场照片，她高兴得跳起来。"我真的做到了！"笑容像花儿一样在她脸上绽放。

开学典礼新生发言代表的经历让小美发掘并展现出主持方面的天赋，她开始主动参加各类文艺活动。2016年的一天，我听到有人敲门，一个带着哭腔的声音，很小，却很熟悉。我急忙开门，是小美。原来她的课程成绩排班级第三，但算上活动分，综合素质测评排名跃至班级第一，拿到了一等奖学金，引来了非议。于是想放弃所有课外活动，主攻专业课，向同学证明自己。

"学生固然以学习为天职，但一个合格的新时代大学生仅仅学习成绩优异还不够，应该德智体美劳全面发展。"我拍拍她的肩膀说："你有文艺方面的天分，坚持下去，一定能有所成就！"

此外，我以"立足全面发展，争做时代新人"为主题召开班会，纠正了同学们关于全面发展的认识偏差，解开了小美的心结。我以此事件为素材制作了班会视频，参加当年辅导员素质能力大赛，获得了省三等奖。

接下来的大学生活，小美在主持的道路上走得越来越稳，获得了诸多荣誉。看着她一次次站上舞台发出独特的光彩，我知道，这个女孩内心的能量又上了一个新台阶。

大三的一天，小美说她因丰富的主持经历被邀请担任"创青春"比赛的项目汇报人，但她觉得时间本来就排得很满了，想拒绝这一邀请。我意识到，她想待在现有舒适区，正下意识地逃避新领域。我建议她突破自我，适当放弃雷同的活动，选择能最大程度发挥自身优势，且更富挑战性的平台。我联系了成功创业的校友帮她打磨项目计划书，邀请曾指导过创业竞赛的老师指导现场展示。在我们的共同努力下，她们的项目最终获得了国赛铜奖。

毕业季的一天，她激动地跑来告诉我她被某知名高校的团委录用了。"老师，你知道我负责哪一块儿吗？创新创业！多亏你鼓励我挑战自我，拿到'创青春'比赛国家铜奖，跟这个岗位高度契合，才得到了这个机会。你知道我为什么放弃高薪的国企选择学校的工作吗？我想像你那样，做一个带给学生正能量的温暖的人。"此刻的小美，眼里有笑，心中有光。四年的努力，她慢慢学会打开心门，拥抱阳光。

新时代的辅导员不仅应当将心比心、以心暖心，还应当善于运用恰当的教育理论，有效地指导、帮助学生解决成长过程中遇到的各种困难。上面这个工作案例中，笔者通过日常观察发现了学生身上潜藏的文艺天赋，通过鼓励、引导、帮助、指导，使学生在艺术方面充分展示出了自己的才能，并因此找到一条合适的发展之路。美育在这个案例中不再停留在体验和感受层面，而是成为学生成长的核心支撑与助推器，让学生发掘出自己的独特价值，找到了成长发展的方向。

在大思政视域和全员育人背景下，大学生思想政治教育工作应当打破课堂内外的壁垒，重视专业教育与思政教育的协同。通过课程思政，加大对学生的覆盖面、影响力和引导效果。笔者在艺术设计学院担任辅导员，工作中发现学生对学校发布的某些管理指令会产生抵触情绪，虽然不至于导致校园不稳定，但也在某种程度上不利于校园稳定和师生关系和谐。如何将刚性的管理要求转化为学生的行动自觉，美育可以充当润滑剂。

举一个笔者在实际工作中的具体做法作为例子。学校冬令时规定，每周日至周四晚23:00熄灯，目的是督促学生养成健康的作息习惯，但有不少大学生习惯性熬夜，对此要求心存诟病。学生中间对该管理要求的讨论时有发生，辅导员通过与学生谈心谈话了解到学生的反馈后，想和学生一起深入探讨到底应不应当早睡，熬夜究竟有何危害。探讨的方式多种多样，比如辩论赛和微博话题互动。考虑到辩论赛覆盖面小且对语言表达能力要求较高，艺术类学生参与度较低；微博话题互动在青年群体中影响力大，但有演变成网络口水仗甚至引发舆情的风险，不好控制。

鉴于此，结合学院的艺术类学科背景，辅导员决定开展"艺席谈"师生下午茶活动，抓取学生感兴趣、关心的焦点热点话题，以专业为切入点，带领学生用设计思维探讨话题、表达观点、解决问题，为学生提供敞开心扉、畅所欲言的平台与窗口，观点输出与青年思想碰撞升华为情感认同，引导学生树立正确的价值观，办成青年学生学会学习、学会思考、学会做人的人生课堂。

通过与专业教师沟通，利用班级的课程设计的机会，将课程思政建设融入专业学习，将对学风中的焦点问题的探讨融入

学生课程设计中，开展主题为"养生觉"的课程设计。跟传统设计课程不同的是，这次课程设计更加注重前期素材收集、小组讨论的环节。分小组进行素材收集，收集素材的过程看似普通，实则是在进行自我说服与自我教育。要设计出富有创意的关于熬夜、养生、睡眠有关的设计作品，学生们需要对熬夜的危害、养生的好处、如何拥有高质量睡眠等进行详细查阅。虽然这些话早已是老生常谈，学生直接听老师说出来会觉得毫无新意，甚至感觉反感，但是一旦让学生自己从大量的事实线索里发现并总结出来，说服力立马上升。素材收集完毕后，就进入小组讨论环节。小组讨论分为 AB 角，即正方和反方。正方认为不应该熬夜，反方认为年轻人可以熬夜。正反方的辩论过程，本质上是梳理设计思路的过程，了解反方认为可以熬夜的理由后，正方各个击破的过程就是需要通过设计来呈现和表达的重点。例如，其中一个学生团队以"'熬'出自我"这个反语为主题进行海报设计，用直观的方法画出熬夜表现在人身上的坏处——脱发、黑眼圈、面色暗沉、长斑长痘……海报以三张为一个系列，大标题和画面风格统一，利用"反其道而行之"的手法增加趣味性，对年轻人少熬夜的呼吁蕴含其中，不言自明。

辅导员要高度重视学生在日常学习、生活中的"负面反馈"，不要逃避它们，因为学生表达意见最多的地方往往是他们迫切需要改善的，更需要辅导员动脑筋、

花心思去改善和优化。抓住了学生的这些迫切需要，就相当于是抓住了事物的主要矛盾的主要方面，一旦解决好了，学生会觉得倍感温暖，更有利于辅导员在学生中间取得信任，从而开展更具实效的思想政治教育。

在这次与专业教师协同育人的实践中，美育作为桥梁和工具，起到了将刚性的管理指令转化为学生自觉情感认同的作用。学生通过美的创造与表达，实现了自我教育，最终使教育与自我教育达到了完美融合。

（二）坚持"以生为本"，满足大学生成长全过程关于美的需要

"以生为本"是新形势下高校素质教育的前沿教育内核，是对"以人为本"的继承和在教育管理工作方面的深化和发展。"以生为本"教育管理理念的时代内涵可以从多个层面进行解读。

一是从教育观的层面进行解读，即让教育的主体回归学生。从词语字面上来理解，"以生为本"的"生"，包含学生、生命、生长等含义。但不论是哪一种，最终都落脚到学生，即学生是承载教育活动和教育过程的主体。在教育活动中，要时刻保障和维护学生的主体地位，发挥学生的主体作用，最终都是为了促进学生的全面发展和成长成才。相较于"以人为本"的理念，"以生为本"将关注主体更加明确到学生这一对象，同时又拓展到与学生发展相关的两个概念——生命和生长，拓展了该教育理念的广度和厚度，不仅关注个体本身，还关注与其发展有关的过程。

"以生为本"的"本"，可以从根本和本体两个维度予以解读。根本，即事物的根源或最重要的部分，那么以学生为根本，就是将学生作为教育管理实践中最重要的因素予以考虑，将学生作为一切工作的出发点来考虑。本体，是一个哲学概念。"以生为本"，即以学生为本体，承认学生是现实的、客观的、具体存在的，是具有自我意识和思想的生命个体，是独立于教师的思想行为之外的，不以教

师的意志为转移的客观存在。因此，在教育管理活动中，不应将学生放在从属于教师的，需要听从教师指令的地位，而应当尊重学生独立的思想和意志，重视他们对教育管理各环节活动的想法和意见，听取他们的建议，让学生群体参与到教育管理过程中，充分表达他们的需求，充分发掘他们的潜力，充分调动他们的积极性，在参与教育管理活动中增强主人翁意识，增长才干，实现教育与自我教育相统一、学校与个人发展双赢的局面。

二是从价值观的层面进行解读，即教育的一切都是为了学生。一方面，"以生为本"尊重学生的本体价值，学校的一切工作都应当围绕学生而展开，各项工作都应当坚持以学生的需求为导向来实施，应当把"一切为了学生，为了学生一切，为了一切学生"作为学校各项教育管理活动的根本遵循。另一方面，"以生为本"高度尊重学生的个体价值，学校各项教育管理活动不能脱离教育对象而独立存在，不能罔顾学生的需求而空谈教育，更不能拍脑袋想怎么做就怎么做。必须充分地重视学生的地位，在大学生的教育管理工作中充分挖掘学生的潜能，为他们提供相应的发展平台，引导和鼓励学生发挥主观能动性，促进学生个性发展，从内生动力和外因驱动双管齐下，助力学生成长发展。

作为辅导员要充分认识到，教育的对象——新时代的大学生是独立的、不断发展变化的个体，他们对美有着自己的理解，对美有着个性化的需要。大学生正值世界观、人生观、价值观形成的关键期，不可能一直处于被动接受的地位，填鸭式、灌输式美育教育难以适应新时代大学生提升审美能力与人文素养的需求。尊重大学生在美育中的主体地位，就需要变革高校美育工作的教育目标、教育内容和教育方式，只有这样才能正确引导其实现自我价值。要充分考虑大学生处在不同阶段的不同特点和需求，有针对性地开展美育教育。

以大学四年学习生活为例来说明，处在大学一年级至四年级的学生，虽然都是大学阶段，但呈现各自的特点。作为辅导员，要深切体察、总结这些特点，让美育教育做到有的放矢。

大学一年级新生，刚从高中来到大学，主要目标是适应大学学习、工作、生活的不同节奏，养成良好的习惯。美育活动可以以感受不一样的大学生活为主题，重点引导大学生了解丰富多彩的课余生活，广泛涉猎各类美学知识，参加各类美育体验活动，在轻松的氛围中增强对美的感知能力。在这一时期，硬性要求尽量不要太多，要更突出柔性倡导，助力使学生在轻松的氛围中了解大学的各项安排，顺利完成从高中阶段到大学阶段的身份转换。

进入大学二年级，经过一年的探索，学生已经适应了大学的各项安排，完成了身份的转换，新鲜劲儿过了，他们开始思考大学应该如何度过了。这一时期的美育教育，可以结合学生个体发展的需要，帮助他们初步探索未来发展的方向。可以开展与专业相关的美育活动，如与寒暑期社会实践相结合，引导学生探索行业之美，了解行业的发展现状，行业与国家发展的关联，行业内的领军人物的成长历程……从中发掘美的元素。不仅有助于学生更深入地了解专业，增强专业学习的动力，还能培养学生发现美的能力。

进入大学三年级，学生专业知识的学习更加走深走实，动手能力与实践能力较之前已有很大提升。再加上前两年积累的对美的体验、发现美的能力，这一阶段重点关注他们审美创造力的提升。美是纯洁道德、丰富精神的重要源泉。美育是审美教育、情操教育、心灵教育，也是丰富想象力和培养创新意识的教育，能提升审美素养、陶冶情操、温润心灵、激发创新创造活力。要引导大学生树立为国家发展、民族复兴而学习的志向，引导他们明白，个人对美的追求与创造，就是在为社会向美向好发展做出贡献。胸怀大格局、培养大视野，将个人发展与社会进步关联起来，培养创新精神，提升创新能力，树立将创造力服务于提升城乡审美韵味、文化品位，将创新创造成果更好地服务于人民群众对高品质生活需求的奋斗目标。

大学四年级是相当大一部分学生进入社会前的最后一站。这一时期，他们既有对未来的憧憬与期待，又有彷徨与焦虑。如何帮助他们顺利地完成从大学生向社会人的平稳过渡，是这一时期美育教育的重点目标。有两个方面的工作可以重点开展。一是组织一些大学四年级学生可以参加的文艺活动，既能帮助他们放松身心，又能增强他们的爱校意识。笔者曾依托美育工作室面向全校组织过手工体验活动，其中一期活动是以校庆70周年为契机开展的手绘T恤活动。在活动策划时，并未预计到毕业年级学生参加的情况，没想到的是，活动发布之后毕业年级学生报名积极，占了活动当天参加人数的一半左右。这个数据让笔者感到意外，于是利用活动间隙，对参加的毕业年级学生进行了现场采访，重点对他们参加活动的原因进行了解。大部分来参加活动的毕业生表示，活动主题是校庆70周年，他们想用这种方式一方面向母校献一份生日礼物，同时还能在离校前增加一段与母校的美好回忆。这次活动让笔者开始意识到美育活动对毕业年级学生的教育引导意义。一次看似简单的手工体验活动，得益于活动主题设置和活动内容安排，就能起到引导学生树立爱校荣校意识的积极作用，这是很有启发意义的。二是了解大学四年级学生求职、面试、考研过程中产生的实际需求，有针对性地开展美育活动。例如，举办求职穿搭讲座、面试口头展示技巧分享沙龙等。这些活动都是基于学生的实际需求而设计开展的，起到为学生参加求职面试等活动补短板的作用，具有实用、有效等特点。

总之，高校美育工作的开展应当顺应艺术教育的发展规律，符合大学生发展的具体需求。要全面了解大学生的素养构成与发展层次，在普及教育的同时注重个性培养，引导大学生全面发展、综合提升。

（三）紧扣学生需求，从校园文化建设、校园环境、校园文化活动的设计上体现美育教育对学生需求的满足

要让大学生参加美育的动力更足、积极性更高，就在要过程上下功夫，不断优化美育形式。在课程设置方面，当前的美育教育是面向全体学生的美育教育，是结合红色文化、中华优秀传统文化和社会主义先进文化的美育。不论是美育公共课程还是美育实践教育课程，不论是课程主题还是活动设计，通常采用"自上而下"的

方式，学生只能被动地接受，选择权十分有限。另一方面，课程主题往往是静态的，但学生却是不断变化的。这样的美育课程很难"戳中"学生，美育课程流于形式，难以引起学生的共鸣。笔者认为，好的美育课程应当是精心设计的，设计的目标是学生感兴趣、真需要。因此，在开课之前，要多渠道了解学生对什么感兴趣，学生对什么更关注且敏感，什么样的形式是当下学生中普遍流行的，面对的授课对象在学习、生活、工作各方面有什么特点……摸清这些，相当于给授课对象集体画像，可以大大激发学生的参与意愿。

教育是充满智慧的实践活动，没有学科知识，没有教育教学的实践知识，教育只是盲目的教育、低效的教育。但教育更需要温暖的教育，外在的知识成为学生心理内核的前提是教师首先走进学生的心里。温暖体现在方方面面，从硬件到软件。

校园环境建设的育人作用是不可忽视的。高校的艺术场馆、场地以及各种形式的设施建设是开展美育教育教学活动的重要物质载体，同样也是大学生在校园里进行审美活动的场域空间。具体表现为校园里的各种建筑、校园的绿化和美化，大到校园里整体规划、楼宇设计，小到校园内的一草一木，都会对大学生的情绪产生影响。因此，高校美育教育工作要注重增强校园美的感染力，让大学生在学习、生活的同时感受到属于大学校园独有的高雅意境。只有在这样独特的环境里，才能更好地发挥校园文化环境的育人功能。一方

面，引导参与校园环境的美化。例如，为学校宿舍、教学楼、办公场所、沿河大道等提供廊厅文化、路旗文化建设方案，并以此为阵地，为全校师生营造有审美格调、艺术氛围、文化内涵的校园环境，师生沐浴其中，感受到环境舒适的同时受到美的浸润。另一方面，在建设校园环境时，要多了解学生的需求，倾听他们的意见和建议。例如，笔者所在的学校，曾面向全体师生征集校园道路的命名，以有奖征集的形式开展。师生参与的积极性很高，因为此前冷冰冰的道路名字仿佛一位陌生人的名字一样，无法使他们产生亲近感。但是现在，他们有机会让每天往返上下课的道路、通往图书馆的路、宿舍门前的小路用自己取的名字来命名，就像自己家人的名字一样，瞬间就拉近了距离。因为有了亲身参与，就尤为关注，自然也会增添几分亲切感。漫步在这样的校园中，仿佛置身于自己家中，亲切又温暖。这就是校园文化建设贴近学生的好案例。

高校要更加注重加强校园人文环境的建设。通过开展学术报告，举办演讲比赛、歌唱比赛、绘画大赛、诗歌朗诵大赛、摄影比赛、书画展等丰富多彩的人文类比赛或展览，营造良好的人文环境。这些比赛或展览要充分体现中华民族优秀文化、革命文化及社会主义先进文化，以此来增强大学生的文化主体意识和文化自觉意识。人文环境的建设要注意尽量"软植入"，而避免"硬植入"。人文环境是由校园文化活动、语言文字等多种元素组合而成，表达形式有直接和间接之分。

以中华优秀传统文化教育为例。有的学校采用"硬植入"的方式来宣传。例如，在校园主干道两旁的路灯下悬挂诸如"传学及古今，经略贯华夏""承千年精粹，为往圣继绝学""扬时代弘毅，为世开太平""用心传承文明，用行成就未来"的宣传标语。这样的形式，虽然满满正能量，但在学生中的关注度并不高，仅仅是偶尔瞄一眼，并不能真正打动学生。如果能将"硬植入"换成"软植入"，效果可能大幅提升。例如笔者主持的美育工作室就充分考虑学生的需求，开展美创推介、美艺体验、美德传承、美悟分享等深受学生喜爱的美育活动，走近学生身边，走进学生心里。

开展美创推介：针对学生在日常学习、生活、求职等方面普遍存在的对美的认识偏差及审美需求，举办主题沙龙，共同学习美的知识，探讨提升审美水平的方法与途径，帮助学生认识美，改进自身行为，纠正"不美"的行为。例如，以"毕业季求职穿搭"为主题举办沙龙，发挥艺术设计学院学生在色彩搭配、服饰纹理、明暗色调等方面的特长，与参与沙龙的学生交流，在解决学生实际困难的同时，与他们分享了对美的理解，带动参与者们共同提升了审美能力；再如，以"公共场合穿搭的正确打开方式"为主题组织沙龙，引导学生出入教室、图书馆等公共场合时举止文明、穿着得体，树立"文明从自身做起，从小事做起"就是一种美的观念。

开展美艺体验：开展传统手工艺体验活动与校园环境美化行动。一是依托艺术设计学院丰富的手工艺设计实验室资源，面向全校师生开展形式多样的传统手工艺体验活动。例如组织汉绣工艺、陶艺制作体验坊，面向全校，邀请有兴趣的师生亲身体验，让传统手工技艺走到师生身边，走进师生心里。从"离我很遥远"变成"眼能看到，耳能听见，手能触摸，心能感受"。使学生受到美的熏陶，加强对传统手工艺之美的认知与认同，感受到中华优秀传统文化之美，潜移默化中增强文化自信。

开展美育实践：依托学院"三下乡社会实践"和"志愿服务"资源和平台，开展美育实践活动。例如，围绕"提倡厉行节约""制止餐饮浪费"等与传统美德相关的热门话题开展志愿活动，一方面利用专业特长设计宣传资料，另一方面号召学生弘扬志愿精神，从自身做起节约粮食，牢记"一粥一饭，当思来之不易；半丝半缕，恒念物力维艰"；持续推进学院主题墙绘三下乡实践活动，组织学生利用专业特长弘扬主旋律、传播正能量；面向全校招募志愿者团队，以重阳节、中秋节、端午节等传统节日为契机，与养老院、孤儿院、特殊群体学校等群体对接，开展书法、绘画、手工、设计等艺术活动，用艺术的力量帮助他们提升生活品位，发现人生乐趣，从艺术中感受美好生活的希望与力量。使学生在帮助他人的同时接受美的熏陶，受到孝悌友爱、扶危济困等中华优秀传统美德的感召与启发，行为美内化为心灵美、人格美，体现了美育对人格培养的作用。

开展美悟分享：举办美育展览与研讨交流，对上述活动中产出的优秀艺术作品进行收集、整理、分类展出，并组织师生进行艺术作品欣赏、活动心得交流、成长感悟分享，促进美的体验转化为美的感悟，由行为美内化为心灵美，逐渐成长为全面、完整的人。

高校校园文化活动有着启迪智慧、塑造审美、疏导心理、发展个性等多方面的作用，核心价值在于培育审美素养与人文素养。艺术类社团是开展校园文化活动的重要载体，是高校大学生培育审美素养的重要实践平台，是高校美育课程的有益补充。参加艺术类社团活动不仅能提升大学生的审美能力，丰富大学生的知识结构，还能培养大学生的创新精神与团队意识。加强高校艺术类社团建设，是全过程美育的重要组成部分。高校美育工作者应当积极探索艺术类社团建设的新途径和新方法，努力为全体学生搭建生动有效的审美素养提升平台，促进学生全面成长成才。

（四）加强高校艺术类社团建设，使社团活动适应新时代大学生的特点和"以美育人"对高等教育的要求

人才培养是高等学校的中心工作、主要职责及功能。"以美育人"是高校育人模式的重要载体和途径，是高等教育培养具有较高审美素养的时代要求。高校构建科学、规范、合理、特色的美育工作体系是高校育人工作的核心，在这一培养体系中，大学生艺术类社团是高校实施"以美育人"不可缺少的重要实践平台。加强高校艺术类社团建设能够促进校园良好学风的形成，能够促进大学生实践动手能力和理论素养的相互促进、共同提高，有利于培养学生的创新精神和团队合作意识。

发挥艺术类社团的育人功能。2020年，中共中央办公厅、国务院办公厅印发的《关于全面加强和改进新时代学校美育工作的意见》指出，以习近平新时代中国特色社会主义思想为指导，全面贯彻党的教育方针，坚持社会主义办学方向，以立德树人为根本，以社会主义核心价值观为引领，以提高学生审美和人文素养为目标，弘扬中华美育精神，以美育人、以美化人、以美培元，把美育纳入各级各类学校人才培养全过程，贯穿学校教育各学段，培养德智体美劳全面发展的社会主义建设者和接班人。

艺术类社团在落实以美育人的重要目标、培养高素质和创新型人才方面发挥着其他人才培养环节无法取代的作用。艺术类社团是指爱好艺术的大学生以兴趣为基础，所

组成的能够提升和运用所学专业知识的社团组织。加强艺术类社团的建设，是新形势下高校寓教于美，提升大学生思想政治教育成效的有益探索，是培养创新型人才、复合型人才、全面发展人才的重要途径。高校艺术类社团是重要的艺术教育课程资源和教育实践形式。艺术类社团面向全体大学生进行艺术传播，担负着传播社会主义核心价值观、普及大学生文艺审美、提升高等院校校园文化教育的职责，是高等学校审美教育的有效路径。与艺术类课程资源相比，艺术类社团活动以高度的实践性、广泛的参与性、直观的体验感，能更直接、深刻、有效地影响和塑造大学生的世界观、人生观和价值观。艺术类社团的主要作用表现在以下几个方面。

一是肩负着大学生思想政治教育的使命。艺术类社团通过音乐、舞蹈、书法、绘画、话剧、诗歌等丰富多彩的形式来开展思想政治教育主题活动，兼具教育性与娱乐性。首先，健康积极的主题活动内容对大学生三观的形成有着正向促进作用。其次，艺术类社团不论是从活动素材的来源，还是活动开展的形式，都较传统的思想政治教育活动更接地气，更富有亲和力与感染力。对大学生来说，艺术类社团的活动能以一种更轻松、通俗的方式传递家国情怀、民族自豪感、社会责任感，激发大学生的爱国热情。例如，通过开展传统手工艺体验坊，挖掘中华优秀传统文化的魅力，展现出中华文化的博大精深。不仅可以寓价值观教育于美育体验，陶冶学生性情，还可以为学生心灵埋下真善美的种子，引导他们扣好人生的第一粒扣子。

二是肩负着启迪学生智慧的使命。当前社会需要复合型人才，需要德、智、体、美、劳全面发展的综合型人才。高素质人才要求大学生在知识、能力和素质等层面上应当全面协调地发展，即做到知识和文化、能力和实践、素质和品行齐头并进。既要有能够胜任某个行业的专业技能，又要有能够符合和适应其他岗位的可迁移技能。培养复合型人才单靠课堂学习是不够的，课堂学习能解决"专"的问题，复合型知识需要解决"博"的问题。"博"的问题，则需要通过参加艺术类社团活动来解决。社团是以兴趣为前提而建设的，来自不同学院、不同年级、不同专业的学生因为相同的兴趣爱好聚在一起，可以碰撞出知识交流的火花，进而激发他们进一步探索新知识的欲望。此外，由于兴趣的驱动，学生会自觉地将课堂内学到的知识与社团实践活动的体验相结合，而拓展自己的知识面，还会主动想要学习相关知识来加深理解。在社团组织的比赛、展览、工作坊等活动中，作为参与者，需要查阅大量的相关资料，了解艺术学科前沿发展信息，有自己的理解与思考，只有这样，才能与其他社团成员有更多共同话题。如此一来，知识结构得到不断丰富与优化，知识面得到不断拓展。

要实施有温度的美育，高校艺术类社团建设要从主题、内容、形式等方面满足学生实际需求。

在主题的选择和确立方面，要时刻以加强大学生思想政治素养、提升大学生思想政治教育实效为目标。将社团活动作为大学生思想政治教育工作的有效载体，在美育实践活动中培养学生科学的三观。在开展社团活动之前，要引导活动的组织者将积极、健康、正能量的主题定为活动主题，借用美育活动的趣味性、生动性等特点，将传统思想教育的"说教"方式，转化为润物细无声的"浸润"方式，引导学生在浸润性的社团活动中逐渐提高思想觉悟，形成良好的世界观、人生观和价值观。

在内容选择方面，社团活动丰富多彩，要尽量在思想教育核心主题下，选择更加贴合学生成长发展实际需求的内容。具体操作中，应把握"分类分层"的原则。分类，即横向考虑美育活动的开展，根据学生所在的专业、学生的知识背景、学生的兴趣点等，对社团活动进行分类管理实施。因为拥有不同知识背景的学生，对美育活动的基础理解和需求可能不一样，在实际活动开展时，内容选择和进度安排就会有区别。分类管理实施，有利于照顾到各种学科背景的学生的审美需求，从而达到共同提升的目标。分层，即纵向考虑学生不同时期的需求。处于不同年龄层、不同年级的学生，对美的理解、积累、需求是动态变化的，他们参加美育社团活动所抱有的心态也各不相同。组织艺术类社团活动之前，要充分考虑到学生所处的人生阶段、生活状态、学习情况等，对他们当前的需求进行充分调研，有针对性地开展美育社团实践活动。通过参加美育社团活动解决学生的实际审美需求，学生收到正反馈后，更利于实现艺术类社团建设与学生审美素养提升的良性循环。

在社团活动开展形式方面。一方面，要充分发掘和培养学生骨干，发挥其先锋模范作用，依托学生骨干辐射带动更多的学生参与社团活动，以此扩大学生的参与面和活动覆盖面，实现活动影响力提升与学生能力提升的良性互动。另一方面，面对网络原著民一代的大学生群体，要善于通过各种媒介和平台鼓励学生参与社团活动，以新颖的形式、喜闻乐见的方式吸引学生参与进来。例如，通过微博、微信公众号、抖音、小红书等网络平台，吸引学生参与社团网络互动，与线下实践活动一起，构建线上、线下一体化艺术类社团活动平台。但值得注意的是，网络世界纷繁复杂，社团活动的组织者要高度重视把关网络平台内容的质量，去其糟粕、取其精华，谨防"娱乐至死"，不要为了吸引关注、迎合口味而放低内容标准，而要坚持用高雅的、高品质的内容引领学生健康成长。

第三节　高校辅导员实施有温度的美育应把握的原则

以尊重学生为前提

　　思想政治教育归根结底是做人的工作，必须坚持以人为本。既要坚持教育人、引导人、鼓舞人、鞭策人，又要做到尊重人、理解人、关心人、帮助人。做好思想政治工作就要尊重和热爱工作对象。常言道：人非草木，孰能无情。情感是思想政治教育工作中的润滑剂，而尊重是获得这种润滑剂的前提。情感操纵着心灵的过滤器，对接受外来信息起到过滤或催化作用。尊重，就是以情感人，以理服人，情理结合。既要晓之以理，又要动之以情。只有让大学生感觉到被尊重、被关心，他们才会打开心灵的大门，自觉接受思想政治教育。如果辅导员在开展思想政治教育工作时言语粗暴、态度冷漠、盛气凌人，企图以教师的身份显得自己"高高在上"，其结果只会增加与学生之间的对立情绪，将自己与学生之间的距离拉得越来越远，学生表面被"压制"，但实际上一肚子怨气，根本无法解决学生的思想问题，思政教育效果就无从谈起。

　　高校思想政治教育的目标是通过教育者有计划、有目的地把社会所要求的思想观念、道德规范和价值观念等传授给大学生，以期对大学生的思想产生积极的影响。但大学生们，尤其是新时代的00后们思想活跃、个性独立，他们并不是被动接受教育灌输的容器，也不是令人摆布的木偶。从提升思想政治教育工作的实效性意义上看，必须充分考虑学生们的需求，在肯定人、尊重人的前提下，以人为思政教育的出发点和落脚点，一切活动围绕人来开展。

二、
坚持将解决实际问题与
解决思想问题相结合

　　要做好新形势下的思想政治工作，必须认真贯彻坚持解决思想问题与解决实际问题相结合的原则。解决实际问题与解决思想问题相结合，是指思想政治教育通过帮助大学生解决生活、学习、择业、交友等方面遇到的实际问题的过程中，引导大学生正确看待物质利益与精神利益、个人利益与集体利益、当前利益与长远利益、局部利益与整体利益之间的关系，树立正确的思想道德观念与价值信仰。

大学阶段是青少年踏入社会之前的关键转折期，在成长过程中难免会遇到各种思想问题，日常生活中也会面临诸多实际问题。实际问题与思想问题往往交织在一起，实际问题往往是思想问题的根源，而思想问题的出现又将加剧实际问题的程度，二者相互影响。因此，当大学生遇到一些思想问题的时候，辅导员既要想办法提高他们的思想认知水平来解决思想问题，也应当重视解决学生遇到的实际问题，从而间接化解思想问题。对大学生进行思想政治教育时，既要摆事实、讲道理，以理服人，不断提高他们的思想境界；又要以情动人，关心他们、爱护他们，实实在在地解决在学习成长、择业交友、健康生活中遇到的具体困扰。将思想教育融入具体问题的解决过程中，让思想教育如盐溶于水，润物无声。

以高校贫困生帮扶工作为例。高校有一定数量的贫困学生需要帮扶，做好这项工作，不让一个学生因家庭经济困难而辍学。这不仅是高校的责任，更是社会的责任，体现了社会公正、教育公平、人文关怀。在开展贫困生帮扶工作之前，辅导员就应该明白，贫困生帮扶工作不光是扶贫，还有扶志；不光要解决生活经济困难等实际问题，还要重视贫困生因经济困难可能继发产生的心理问题。大学生小A来自国家级贫困县，父母常年在外打工，家庭经济困难。在入校当年的国家助学金申请期间，小A私下找到辅导员说他想放弃申请。通过谈话，辅导员才了解了情况。原来，申请国家助学金有一个班级评审环节，目的是让同班学生在了解申请人家庭情况的基础上，尽可能确保公平公正，但小A却不愿意当着全班同学的面介绍自己的家庭情况，他十分敏感，怕这样说会让其他同学对自己产生异样的目光。但他确实家境贫困，需要经济上的帮扶。他陷入想申请助学金但又出于自卑不愿意让别人知道的纠结之中，十分痛苦，无心学习，于是来找辅导员谈心。

这个案例中，小A既存在思想困惑，又面临实际困难。实际困难是经济贫困，因贫困产生了自卑心理，又继而影响了学习，带来了实际的学习困难。实际问题与思想问题相互交织，交替产生。辅导员在处理时，一面通过谈心，帮助小A卸下思想包袱，引导他明白家庭经济基础只是人生的起跑线，而人生是一场马拉松，这场马拉松的结果并不取决于起跑，而是看谁能坚持到底，持续发力。而大学，就是人生持续发力的加油站。因此，将注意力从对原生家庭经济条件的关注转移到对自身能力的锻炼提高上。家庭经济状况不够优越，不一定就是坏事，换个角度看待，也是磨炼意志的机会。《孟子》有云："故天将降大任于是人也，必先苦其心志，劳其筋骨，饿其体肤，空乏其身，行拂乱其所为，所以动心忍性，曾益其所不能。"与此同时，应该想办法帮他创造更多的勤工助学岗位，在不影响学习的前提下，利用课余时间勤工助学补贴生活。此外，还应当鼓励小A积极参加院校各级组织的学生活动，锻炼人际沟通能力，更好地融入周围的人际环境。

以指导学生就业创业为例。当前大学生面临就业创业方面的种种压力，严重的甚至会出现心理障碍，这对高校就业创业工作及心理健康教育工作提出了新的挑战。加强美育引导，对培养大学生良好的心理素养，提升大学生就业创业心理调适能力有着重要意义。笔者结合心理健康相关知识背景，重点探讨通过情绪管理，提高自身修养，最终培养与提升大学生职业情商的路径。

情商，是一个人掌控自己和他人情绪的能力，它包含五个方面的情绪能力，即了解自己情绪的能力、控制自己情绪的能力、自我激励的能力、了解他人情绪的能力和维系良好人际关系的能力，这五项能力在职场中的具体表现就是职业情商。职业情商更加侧重对自己和他人的工作情绪的了解和把握，以及如何处理好职场中的人际关系，是职业化的情绪能力的表现。职场中，良好的职业情商有助于个体选择和驾驭情绪，作出最佳决策。传统的职业情商是从事某种职业应具备的情绪表现。情商研究的专业机构"六秒钟"对职业情商的定义是：通过在工作中进行有效的综合思考和情绪，来形成最佳决策的能力。许多企业在招聘新员工时，越来越重视考察应聘者的职业情商。如表5-1所示，职业情商包括四大类十八项能力。

职业情商之于就业创业有着重要意义。在创新创业教育中，我们不难发现一个现象，那就是有着过硬知识储备、专业素质的大学生创业者，却在创业实践时因人际交往、情绪处理等问题屡遭挫折。培养学生的创新创业能力不仅

表 5-1　职业情商能力

能力类别	职业情商十八项能力	注释
自我觉察的能力	能意识到自身情绪的变化	能够解读自己的情绪，认识到各种情绪对自己的影响
	精确地进行自我评估	有自知之明，对自己的优点及不足了然于心
	充满自信	善于掌控自身的价值及各项能力
自我管理的能力	情绪自制力	能够克制自己，不冲动，不会做出不良举动
	坦诚	诚实、正直、忠诚、值得信赖
	适应力	能够弹性生存，可以适应环境的变化，并克服障碍
	成就动机	具备提升自我能力的强烈动机，追求卓越的表现
	行动意识	随时准备将目标赋予行动，能够较好地把握机会
社交察觉的能力	同理心	能够感受到别人的情绪，能够站在别人的角度上看问题，主动地关心他人
	团体意识	能够掌握团体的发展趋势、组织结构和运作方式，乐于与人合作
	服务意识	了解老板、客户及其他服务对象的需求，并有能力加以满足
人际关系管理的能力	领导能力	以共愿景来引导及激励他人
	影响力	能说服别人接受自己的观点
	引导力	通过回馈及教导来提升别人的能力
	引发改变	能激发新的作为
	冲突管理	避免矛盾冲突，减少意见相左，找出彼此共识
	建立联系	有培养及维持人脉的能力
	团队合作力	有与他人良好合作的能力

要教授学生创业运作模式及技巧，更要注重培养学生的创新创业素质和能力。在创新创业教育中重视大学生的情商培养，将二者有机融合，有利于从责任意识、意志品质、沟通合作能力、人际交往能力及危机管理能力等方面提升创新创业综合素质和能力，也是人才培养目标的应有之义。

褚橙果园靠着一句"人生总有起落，精神终可传承"的广告词感动了很多人。为什么在遭受重大人生和家庭变故，经历了数次人生大起大落之后，褚时健依旧能以巨大的热情和毅力投身创业并取得巨大成功？原因就是他拥有高情商。情商高的人会激励自己，以正向的态度看自己，相信自己有未开发的潜力，会认为未来很有希望。特别是在遭遇挫折、陷入低潮、跌倒或受到打击的时候。在瞬息万变、压力随处可见的创业中，高情商是多么不可或缺。

有人说，职场上一个人的智商决定了他是否能够走上正确的道路，而一个人的情商却决定他能在这条路上走多远。职业情商是最重要的职业素质，是个人职业发展的关键。美国著名人际关系学大师戴尔·卡耐基在对10000名成功人士进行了跟踪研究后总结道：一个人的成功，只有15%归功于他所拥有的专业知识，却有85%的功劳来自他的人际交往相关的能力。职业情商赋予成功更多的可能，也是职场人士走向成功的必备能力。一个优秀的职场人士必须具备全方位的沟通能力，与上司建立开放健康的关系，与同事既能和睦相处又能分工协作，对下属既能友善以待又能充分调动其工作积极性以实现更高的发展目标。

做学生工作的老师工作时间长了会发现这样一个现象：有些学生在校期间成绩名列前茅，年年拿奖学金，是公认智商较高的那一类学生，可是毕业进入社会几年后，却泯然众人；反而是那些在学校时成绩一般，看起来似乎没有过人之处的学生在工作几年后能在事业上获得企业的认可，取得一定的成绩。

心理学家们通过调查研究发现，价值观、世界观、抗挫折能力、性格、毅力、信念、情感等品质决定了一个人在职场能达到的高度。换言之，智商一般但拥有上述积极品质的人，比智商较高但不具备职场所需积极品质的人，更易取得职场成功。美国创造性领导研究中心的大卫·坎普尔在研究"昙花一现的主管人员"时发现，这些人之所以在职业发展中不能取得长久的成功，并不是因为缺乏知识和技术，而是由于没有处理好人际关系中的种种问题导致。例如，处理不好与上下级的关系、协调不好工作关系、缺乏团队精神、性格孤僻、强势独断等。

在职场，不论从事何种职业，居于何种地位，都要具备一定的情商。通过与招聘单位的人力资源岗位人员交流时也发现，现在越来越多的企业十分重视员工的情商相关的能力素质。于是，用人单位会安排心理测试、压力测试等手段来测评应聘人员的情商水平。录用之后，在员工的培养和管理上，企业也会把员工情商的培养与提高作为打造企业文化、提升企业效益的重要手段。

令人鼓舞的是，职业情商是可以通过学习得到提升的，就像一个运动员不停地练习，就能提高自己的体能跟技术。根据职业情商的概念，要有效地提升职业情商，就要做好以下几个方面，即了解自己的情绪、管理自己的情绪、了解他人的情绪和管理他人的情绪。

要了解自己的情绪。知人者智，自知者明。古代先贤早就认识到能清醒地认识自己、对待自己的才是最聪明的、最难能可贵的。在职场中，只看得见别人，看不见自己的人往往是不受欢迎的人。要学会了解和反省自己，既要了解自己的长处和优势，也要认清自己的缺点和不足。只有这样，才能以客观的眼光看待自己和他人，才能以一种平和的心态对待工作中的得失荣辱，才能够保持谦逊、扬长避短，不至于在职场中表现出盛气凌人与自负。

记工作日志、与人交谈都是很有效地了解自己情绪的方式。对于初入职场的年轻人来说，养成记工作日志的习惯，将工作中遇到的事情、当时的心情等记录下来，及时反思总结是否存在情绪失控、表达不到位等情况。此外，利用向上司汇报工作的机会间接了解上司对自己工作和表现是否满意，虚心聆听上司的指导和建议。还可以在工作之余与同事聊天，根据他们的反馈了解自己的情绪表现，并作出相应调整。

要管理自己的情绪。没有人能在职场中一帆风顺，人生不如意事十之八九。能否控制情绪以及控制情绪能力的强弱是关乎事业成败的关键因素。通过管理自己的情绪，让自己尽量避免产生不良情绪、消除不良情绪的影响、产生良好的情绪，从而在工作中表现得积极向上、勇敢主动、充满正能量。怎么样才能管理好自己的情绪呢？要抓住三个关键点：不抱怨、不逃避、不带情绪工作。

了解他人的情绪。与领导、同事相处，了解对方的情绪，是正确说话、做事的前提。要了解他人的情绪，首先要具备同理心，己所不欲，勿施于人。其次，要客观地分析当前的事实，看他人的需求是否得到满足。此外，还要注意察其言观其行，分析对方的表情、姿态、语调背后的真实情绪。有时候，我们看到的别人表现出来的情绪背后，其实还掩盖着深层次的情绪，需要结合情景仔细分析。

管理他人的情绪。管理别人的情绪是指通过一系列的言语和行为影响他人的言行的过程。具体在职场中，就是通过言行达到影响上司、融入同事的目的的过程。管理他人的情绪，关键要有同理心，只有站在对方的立场考虑问题，才能与对方的思想同频共振，说到对方心坎儿里。在央视节目"主持人大赛"中，优秀的选手，强大的评委阵容，一起把这个节目收视率推向高潮。董卿的点评更登上了热搜。她尊重每一个选手，在点评的时候，基本都会先真诚地表达对选手的赞美，指出选手做得好的地方，然后再言简意赅地提出改进的方法。提出建议时，董卿也谦逊温和，多以询问、探讨的语气点出改进的思路，点评一针见血又温暖人心。此外，注意适时回避。必须承认，不是所有人的情绪都能被管理。面对领导、同事突如其来的情绪时，要正确评估你在他们心中的位置及影响力。如果觉得没有能力影响对方，就应该选择暂时回避，等时机成熟后再出手。

拥有健康的情绪和良好情绪调节能力的人，不仅能做到内心平静美好，看待世界时还能像戴了一副"美"滤镜一般，所见之处皆美好。不仅有助于自我的身心健康，还有助于收获和谐美好的人际关系。

第六/章

培育媒介素养，
实施有效度的美育

媒介素养教育，是指引导媒介使用者正确使用和有效利用媒介的教育。在此过程中，受教育者获取、分析、评价和传播各种媒介信息的能力，利用媒介信息完善自我、服务于自身生活和工作、参与人际交往等社会发展的能力，以及认知、鉴别、批评等处理媒介信息的能力都将得到提升。另有学者从甄别、利用、驾驭媒介的角度对媒介素养教育进行了阐释，认为媒介素养教育的目的在于提高普通大众更健康地使用媒介、更有效地利用媒介的能力。面对媒介技术的蓬勃发展，媒介素养教育十分有必要。一方面能帮助民众享受媒介技术给人类带来的便利与福祉，另一方面使民众具备在媒介世界呈现的海量信息中有效甄别有害信息、利用有用信息的能力，以避免被同样海量的负面信息影响、误导。简言之，媒介素养教育是一种驾驭、驯服媒介的能力，让媒介之"兽"被素养之"师"正确引导，成为服务大众的"吉祥之物"。

媒介素养教育不论是对个人还是社会，都兼具现实意义与历史意义。在大众传媒对日常生活的逐步影响与不断渗透的背景下，当今时代的社会结构发生了深刻的变化。媒介已从工具逐渐转变成人的生活方式，青少年群体对媒介的使用频率、时长大幅提高，以媒介为载体进而影响了青少年价值观、人生观、世界观的形成。传媒给当今社会，尤其是当代青少年的成长带来了不可忽视的消极影响。

首先，互联网时代的到来造成了信息的超级爆炸。青年学生在世界观、人生观和价值观尚未形成，认知能力、甄别能力相对较弱时，就置身于信息无比丰富的大众传媒环境，很容易受到媒介所提供的庞大的信息量的冲击，被其中涌现的复杂的文化信息、多元的文化价值观念熏染甚至误导，导致价值判断标准变得模糊、错位甚至迷失。

其次，大众传媒商业化趋势使得传媒业内竞争愈发激烈，因此，商业上的利益最大化被传媒从业者视为终极目标。为了达到利润最大化，传媒业不惜牺牲其原本奉为原则与信条的社会监督性、批判性和价值引导性，转而迎合市场，沦落为庸俗、低俗、媚俗，不再关心社会重大问题，不再回应民生的殷切期盼。这对于极易受到诱惑的青少年来说，无异于一场精神灾难。

此外，媒介传播因其内容的丰富性与生动性极易让青少年感到轻松与亲切，会不自觉沉浸在传媒营造的虚拟世界中，从而产生依赖心理和沉溺行为。媒介传播，尤其是网络传播的丰富性、即时性、互动性、趣味性等特点，极易刺激正需要打开自我融入外部世界的青少年产生狂欢文化消费心理。青少年的心智未完全成熟，控制力薄弱，加之现实世界课业压力大，很容易导致他们向虚拟网络媒介世界寻求刺激、成就与安慰。久而久之，他们将沉溺于网络媒介所营造的美好而虚幻的世界，丧失自控力，产生久难治愈的"网络综合征"。

第二节 媒介素养与美育的关系

无论是针对社会公众的公益性教育，还是针对高校大学生的体制性教育，媒介素养教育与美育都正在产生越来越密切的连接，甚至有合二为一的趋势。媒介教育无法回避"如何做好感性传播"以及"如何处理艺术类信息"的问题，而这些恰好是美育教育的核心问题。随着互联网、5G技术的发展与普及，媒介正在演化为一种生存环境，而不仅仅是一种通信工具。虽然长期以来，美育都和"艺术教育"紧密联系在一起，但当美育置身于信息技术高速发展的时代，面对一个因媒介技术影响而发生颠覆性变化的艺术世界，美育的载体、媒介、方式、路径都发生了深刻变化。如何应对新技术带来的挑战，做好新媒介环境背景下的美育，促使学生在这种生存环境中成长为"自由而完整的人"，是美育教育与媒介养教育共同面临的重大实践命题。

一、与美育融合的理论基础

媒介素养与美育的可融合性是具有一定理论基础的。从素养的内涵看，媒介素养的维度中包含审美方面的素养。美国媒介素养研究学者大卫·波特指出：信息的多种构成形式决定了媒介素养的多维度性。信息的构成形式包括认知信息、情感信息、道德信息和审美信息。认知信息是指人们从媒介所获得的有关客观事实的信息；情感信息是指人们感受到的喜、怒、哀、乐等情感因素；道德信息是指通过媒介而传递出的某种价值观；审美信息则是指人们通过媒介而获取的诸如视觉、听觉方面的信息。完善的媒介素养包括处理上述四种信息的能力与素质，若缺少其中某一种的能力，将导致媒介素养的不平衡。

从高校美育的实践目标来看，大致包括三个方面的内容。一是促进高校学生塑造健康完整的审美心理；二是引导高校学生形成正确的审美观；三是培养提升高校学生的审美能力。这三个实践目标与媒介素养教育中对审美信息素养的培养目标在具体实践层面上具有一致性。在审美心理、审美能力与审美观三者中，审美观是重要基础，倘若审美观有所欠缺，将阻碍审美心理结构的形成与审美能力的提升。审美观受社会因素、实践因素与心理因素等因素影响，想要引导大学生塑造正确的审美观，必须从控制、调整影响因素出发。其中社会因素与心理因素难以控制，而大学生的审美实践活动十分丰富，高校对审美实践活动把控度相对较高。因此，把媒介内容作为审美实践活动的对象，进而把媒介素养教育中对审美素养的培养与美育教育中的审美观培养结合起来，是塑造大学生审美观的有效途径。

二、媒介素养的本质发展变化过程

在这里还要讨论一点，那就是媒介素养教育的本质，即究竟为什么要开展媒介素养教育，目的何在。从20世纪30年代至今，媒介素养教育的本质已发生巨大变化。20世纪30年代，媒介素养教育的核心命题为"甄别"，具体地说，就是当大众面对媒介提供的信息时，有能力认知负面信息的本质，有能力辨别"真、善、美"与"假、恶、丑"的区别，对暴露在眼前的信息作出判断，提出有利信息，剔除有害信息，从而抵御负面信息的危害。但从20世纪90年代起，媒介素养教育的核心命题悄然转化。

随着互联网的兴起，报纸、广播、电视等传统媒体式微，很多传统媒介机构甚至因无法继续经营而倒闭。取而代之，以互联网为载体的新媒体迅猛发展，在大众了解时事、鉴赏艺术、参与学习、接受娱乐等方方面面扮演着重要角色。但此时的媒介所扮演的角色不再是一个单纯提供信息的工具，而是提供一个聚集的平台，构建一个"圈子"。正如马克·波斯特所说：以大众传播为特色的第一媒介时代与以网络传播为特色的第二媒介时代之间最大的区别在于，基于互联网的媒介最重要的功能不再是传递信息，而是把人们聚在一起，让大众能在"圈子"中迅速找到与自己志同道合之人。而他所说的这个"圈子"之所以能聚在一起，并非所谓的一些理性的共同目标，而是基于共同兴趣爱好的共同体。而兴趣爱好本质上讲就是一种审美倾向，即在第二媒介时代，互联网导致的人与媒介关系的变化，以及对具有共同审美倾向的美学共同体的追求，导致了媒介素养教育开始实现自身的美育转向。尤其在移动互联网时代，人们通过移动终端获取信息，看似是人们在主动选择媒介信息，但实际上是媒介在通过网络塑造人们。

当下每个人的手机终端都有多个APP，但每个人的APP上呈现的信息并不完全一样，是带有鲜明的"个人特色"

的。举例说明，人们在小红书、抖音等APP上浏览视频，APP强大的算法功能就能依据之前的浏览过程"算出"使用者喜欢怎样的信息、可能还会喜欢什么样的信息，进而筛选出这些信息，精准地推送给终端使用者。因此，在移动互联网时代，人们所获取的信息，正在被强大的互联网技术与自己的审美筛选，而这种筛选从某种意义上影响着我们的判断与认知，继而塑造着人们自己。也就是说，人们正在被自己的审美趣味塑造。因此，媒介素养教育与美育教育相互交织、相互影响，在移动互联网时代，美育教育应该为媒介素养教育提供方向，而媒介素养教育的效果反过来也将影响美育教育的效果。

高等学校美学素养在"三全育人"背景下，高校媒介素养提升至少应该包括三个方面的内容，即辅导员媒介素养培育、学生媒介素养培育和校园媒介文化建设。

中共中央、国务院印发的《关于加强和改进新形势下高校思想政治工作的意见》指出，要坚持全员、全过程、全方位育人，高校要把立德树人作为根本任务，融入思想道德教育、文化知识教育、社会实践教育各个环节，把思想政治工作贯穿教育教学全过程，把思想价值引领贯穿教育教学全过程和各环节，形成教书育人、科研育人、实践育人、管理育人、服务育人、文化育人、组织育人长效机制。"三全育人"的核心在"全"，即要对学生实施全方位的、全过程的、全员的教育政策。

全方位是指以培养德智体美劳全面发展的社会主义建设者和接班人，不仅要价值观端正、知识丰富，还要求能力全面。价值观端正就是以社会主义核心价值观为引领，坚持开展理想信念教育，培育和践行社会主义核心价值观，引导学生形成高尚品格与健全人格，为奋斗的青春树立正确的航向，努力用知识报效祖国，力争成为能够担当民族复兴大任的时代新人。知识丰富，强调学生不仅要掌握必要的知识，还要掌握学习知识的方法。正所谓，依靠学习才能走向未来。要引导学生树立正确的学习观，养成良好的学习习惯，掌握正确的学习方法，不断提升知识宽度和广度，形成科学的知识体系，让哲学、科学、文学、艺术等多种类型的知识为学生的全面发展奠定扎实基础，不断提升认知世界的水平。能力全面，是在知识丰富的基础上的进一步发展。要引导学生树立学以致用的意识，明白掌握知识不是为了做"两脚书柜"，而是要活学活用，将知识转化为思想的智慧、外化为行动的能力，全面锻炼思维能力、表达能力、组织能力、人际沟通能力、实践能力等综合素质。

全过程育人，是指从学生一进校门开始到毕业离校为止，学校将大学生思想政治教育贯穿学生四年大学生活的始终，包括每个学期开学到结束、每个寒暑假及双休日。全过程育人既要重视抓长期，即学生整个受教育过程，又要重视关键节点，如入校教育、转折点教育、毕业教育。抓长期与抓关键期两方面相结合，形成全过程思政教育模式。

全员育人，是针对实施大学生思政教育的主体而言的。大学生思想政治教育绝不仅仅是思政课理论教师的"专属任务"，而应该成为家庭、学校、社会、学生本人的共同使命。教育主体从单一转向全面，育人工作也应该成为高校全体教职工的"本职工作"。思想政治理论课教师充分挖掘专业课教师、哲学社会科学教师、辅导员、班导师、职能部门工作人员等校内多岗位的育人功能，实现"教书"与"育人"相结合，"服务"与"育人"相结合，"管理"与"育人"相结合，努力实现各级各部门都来重视、关心、落实"立德树人"根本目标的协同育人良好局面。

一、
辅导员媒介素养培育

（一）背景

思想政治教育是社会或社会群体用一定的思想观念、政治观点、道德规范对其成员施加有目的、有计划、有组织的影响，使之形成符合一定社会、一定阶级所需要的思想品德的社会实践活动。随着改革开放的深入推进，物质文明有了极大进步，但是精神文明建设尚未达到同步发展，引导人们尤其是价值观尚处在形成阶段的大学生树立正确的世界观、价值观与人生观，自觉树立为实现中华民族伟大复兴而读书的志向，逐渐成长为社会主义事业合格建设者与可靠接班人，是落实立德树人根本任务的现实要求。

我国的互联网发展比互联网起源地美国要晚，直到1994年才开始和世界网络的发展逐渐保持同步趋势。随着互联网的高速发展，互联网由只是少数人可以接触到的高端设备，迅速转为大众生活中不可或缺的工具。如今，互联网正潜移默化地影响着人们的生活方式，它已不仅是一种传播工具，而已然成为人类的一种新的生存环境，即网络环境。

当思想政治教育与信息技术相遇时，会产生巨大的"化学反应"，两者在人的自由而全面发展这一根本需求上完全契合，从而促使网络思想政治教育这一网络化生存的崭新形态得以生成。

网络思想政治教育是指，在网络时代，教育实施主体在充分认识网络特点、把握网络本质的前提下，充分利用和发挥网络在传播方面的积极作用，根据社会发展要求和受教育者的实际情况，对受教育者实施的有组织、有目的、有计划的思想政治教育的过程。网络思想政治教育的内容，包括符合社会伦理要求的道德规范、积极向上的思想政治观念和一定的网络文化素养，其目的是为社会输送具备一定道德规范、正确的思想政治观念和较好网络文化素养的人才。

（二）网络思政教育的特点

网络思想政治教育是指高校思想政治教育工作者在网络环境这种虚拟场域中所开展的教育传播活动。高校网络思想政治教育活动具有以下明显特点。

1.获取信息的方式灵活而便捷

传统传播媒介时代，人们通过报纸、杂志、期刊、书籍等纸质载体获取信息，信息的发布者需要经过信息的收集、信息的处理和信息的传送等步骤，才能将信息传播给受众，这个过程的效率取决于传统货物运载的速度，往往需要几天甚至长达十几天的运输才能实现，耗时耗力，效率不高。进入互联网蓬勃发展的时代，互联网带来的互联互通，只要接入网络，拥有一个手机或者一台电脑，人们就能随时随地获取自己所需的信息资源，人们因而实现了获取信息的地域自由和时间自由。与此同时，任何一个连接互联网的人都可以提供信息及获取信息，每一个个体就能因此而拥有资源获取的自由。

对于高校思想政治教育工作而言，教育者和受教育者都能通过任何一个网络端口，在不同时间、不同地点获取来自世界各地的最新信息作为教育资源，资源获取变得更加灵活和便捷了。教师和学生获取信息均变得高效了，极大缩短了信息收集与发布的周期，提高了思想政治教育的时效性。

2.传播信息的内容简短而丰富

与传统纸媒传播不同，网络环境下所传播的内容不再是长篇大论，而是趋于短小、精练、零散。在微博、微信、QQ等平台上发表观点都有一定的字数限制，抖音、快手、小红书、微视等平台上对所发布的视频都有时间的限制，一般限定在3分钟以内。这样设计，一方面是因为在高速发展的当今社会，信息社会也高速发展，人们的生活节奏也随之加快，没有那么多闲暇时间长时间关注某一项信息，简短而精练的信息内容更容易帮助人们充分利用各事项之间的碎片时间，从而化零为整，提高时间利用率，进而提高效率。另一方面，互联网拥有强大的信息存储与搜索功能，在互联网的世界，每一个人都置身于无比巨大的信息海洋中，无比丰富的信息无法穷尽，而让每一条信息在被处理得尽量简短之后再推送给受众，相当于为受众提供一个信息目录，一经浏览便能锁定可能感兴趣的信息。但是长期大量接受碎片化信息，虽然能在一定程度上提升信息获取数量和效率，却容易使人的思想变得平质化。加之信息量虽然很大，但往往不够全面，缺乏系统性，人们逐渐习惯接受被处理过的信息而不再愿意主动、深入地思考。这是网络思想政治教育应该要努力克服的劣势。

3.信息交流的方式互动且即时

随着互联网信息技术的发展，受众不再满足于单方面被动地接受信息，而是渴望主动表达，将自己对所浏览信息的感悟、体会、见解、意见、建议等表达出来，与信息发布人进行交流、互动。交互性是网络环境发展的一个重要特点，信息发布者和信息接收者之间不必面对面，也不一定彼此熟悉，但他们可以借助网络和传播载体实现积极主动的交流。而且他们之间的信息发布者和接收者的身份还可以通过媒介的互动实现互相转化，双方享有平等的话语权，可以自由交换和共享自己的见解和观点。例如当下受年轻人欢迎的哔哩哔哩、抖音、小红书等APP，都以其强互动性而深受年轻人喜欢，也因此具有强大的传播力、影响力与渗透力。这种互动的即时性与交互性是一把双刃剑，利用得好有助于激发高校网络思想政治教育的活力，但需要对互动过程予以监管，以约束使用者的言行。

4.信息传递的模式共享与裂变

因为网络信息的共享性，所有能连接网络的人都可以共享同一条信息，加之网络传播的迅捷，信息的传播模式从线性传播转变为裂变式的传播模式。传统的信息传播模式受限于场地、空间等因素的制约，只能是一对一，或者最多一对多，受众的面和数量是有限的，信息传播速度是呈线性增长。但在网络环境下，信息传播表现出裂变式的传播模式，借助互联网不受场地、空间等因素的限制，加之互联网的随时随地可加入性，信息从线性传播模式转为裂变式传播模式，传播速度呈指数式增长。例如，传统纸媒时代，一个人写了一首诗，他只能以将刊载了他诗歌的杂志赠送给朋友的方式将信息传播出去；到了平面媒体时代，这个人可以通过电视将自己的诗传遍大江南北、千家万户；但到了互联网时代，这个人创作的诗歌一旦被放到了互联网平台，对此诗歌感兴趣的人不仅可以阅读，还可以评论、转载，继而引发另一个人或者多人的阅读、评论、转载，一传多，多再传更多，如此，这首诗歌就引发了一种裂变式的传播。这种传播不仅快速，而且有了更大的影响力和感染力，因为它不是静态的传播，而是一股全民共享、全民参与的洪流。

（三）网络环境下高校思想政治教育传播面临的机遇与挑战

互联网的高速发展为信息的传播营造了一个高速而便捷的环境，但它是一把双刃剑，既对高校思想政治教育产生了积极作用，同时也带来了消极影响。

1.积极作用

网络环境有利于提升高校思想政治教育的传播效率。传统的思想政治教育把课堂作为唯一渠道，这虽然有利于建构系统的知识体系，但它不能满足在新的时代背景下大学生获取信息的需求。网络平台使大学生能快速且随时随地地获取信息。与课堂传播这种传统的传播渠道相比，学生通过网络短视频等方式获取信息会比思政课堂渠道快一步，那样将会影响传统课堂的教学效果。因此高校思想政治教育传播应该利用互联网传播速度快捷的特点，将传统的传播形式与新兴的传播媒介相结合，增强思想政治教育信息传播的时效性。

网络环境丰富了高校思想政治教育的资源，拓宽了信息获取的范围。传统思想政治教育多以理论性课程为主，资源过于单一，对大学生缺乏足够的吸引力。互联网能紧跟时代的步伐不断更新数据库，该数据库中包括国内外时事热点、社会新闻热点、新时代国家大政方针、国家主流媒体评论等丰富的学习资源。当今大学生是网络原住民，他们习惯于通过手机客户端等与这个世界保持联系，同时获取信息。将互联网上的资源作为高校思想政治理论课的背景资料库，有助于学生与时代发展同频共振，及时且全面地掌握国内外形势，思想政治教育的内容将更具时效性。

网络环境有利于增强高校思想政治教育的有效性。一方面，互联网上的信息不仅数量庞大，而且种类无比丰富，涵盖理、工、农、医、文、艺等各种学科的内容，能满足大学生的个性化发展需求，还能满足国家对大学生成长为德、智、体、美、劳全面发展的人才的期待与要求，是大学生全面成长成才的强大资源库。另一方面，网络信息来源于真实生活，能反映现实生活的文化。优质的网络资源能引导大学生关注现实热点与痛点，将理论知识的学习与鲜活的实践结合起来，达到理论与实践相统一，既提升了大学生的实践能力，又加深了对思想政治理论知识的理解，培育了社会责任感。与此同时，学生在实践锻炼与理论学习之间反复探索，得出的体会可以作为高校开展思想政治教育的有效反馈，用以改进教学，增强教育的有效性。

2.消极影响

网络信息传播速度快、信息量丰富的特点大大增加了信息处理和监管的难度。网络时代，信息爆炸式地出现与传播，尽管内容前所未有的丰富，但很多内容缺乏理论性的认证。更有甚者，还会出现一些低俗、庸俗、媚俗的信息，大大增加了信息监管的难度。而且这些片面的、劣质的信息进入大学生的视野，将影响思想政治教育内容的质量。

网络世界的互联互通及网络文化的多元复杂影响大学生三观的形成。高校思想政治教育的内容，是依据大学生身心发展规律和社会发展要求，所选择的正确的政治观点和思想观念，一般包括爱国主义、集体主义、道德观念和政治规范等。互联网将世界连接成一个地球村，世界上各个角落的思想都能通过互联网而发布、传播开来，加之网络环境的自由开放，西方价值观念也会传入中国，于潜移默化中影响着青年学生的价值判断与选择。大学生是网络的主力军，他们一方面对网络有着高度依赖，另一方面又处在世界观、人生观、价值观尚未成熟的阶段，容易受到错误思想的误导。

互联网是社会舆论迅速传播扩散的转化器和放大镜。互联网的高速发展与广泛普及深刻改变了高校思想政治教育的环境，它既给主流意识形态提供了新的信息多元的渠道，也丰富了高校思想政治教育的资源，同时也给高校思想政治教育工作带来了新的挑战。正如没有互联网安全就没有国家安全一样，在波谲云诡的意识形态交流交锋中，守不好互联网这个大门，就会失去思想政治教育在互联网领域中的重要阵地。

随着网络的发展，高校大学生的生活习惯、交往方式、意识形态等方面都发生了一系列微妙的变化，这种变化既给高校思想政治教育带来了机遇，同时也逐渐显现出一些问题。在新时代背景下，面对如此复杂严峻的网络意识形态争夺的挑战，高校网络思想政治教育工作面临的一个十分重要的问题，就是如何借助网络这种新的媒介形式，来提升思想政治教育内容在新时代高校大学生中的接受度与认可度，从而提升网络思想政治教育有效性的问题。这一命题是新时代做好高校思想政治教育不可回避也必须正确处理的重要命题。

（四）辅导员媒介素养的培育与美育成效之间的关系

高校辅导员是大学生思想政治教育的重要实施者，他们站在高校思想政治工作第一线，是大学生成长的知心人、护航者与引路人。在互联网与新媒体技术如此发达的今天，高校辅导员的媒介素养是开展网络思想政治教育的重要基础，将直接影响大学生使用网络媒介的习惯和方式、接受到的内容及受到的影响，直接影响高校网络思想政治教育的效果。因此，要做好新时代高校网络思想政治教育工作，辅导员自身必须培育较好的媒介素养。

高校美育的实施对象是大学生，对于今天的大学生而言，互联网已成为他们生活方式的重要组成部分，不论学习、工作还是生活、娱乐休闲的方方面面，网络似乎成为像空气一般不可或缺的存在。可以说，新时代的大学生就是在互联网下成长起来的一代。随着新媒体的蓬勃发展，不论是主流官方媒体还是地方媒体，都在尝试开辟网络宣传阵地，高校也不例外。内容涵盖从主流意识形态教育、核心价值观教育，到影视、艺术、文学等，美育的内容则以互联网的形式呈现在大学生面前，而这些都可以作为大学生美育的素材来源。此外，媒介素养本身就包括"如何处理艺术类信息"以及"如何做好感性传播"，而这类命题正是美育的核心命题。要有效地对新时代大学生开展美育，网络是绕不开的关键话题，因此辅导员的媒介素养的高低将直接影响大学生美育的效果。

想要通过提升媒介素养来做好大学生美育工作，就要建立起媒介信息传播与美育教育之间的关联，即通过对媒介信息传播能力的提升，优化高校美育的过程，提升高校美育的实效。具体来说可以从如下几个方面努力。

1.辅导员应提升信息专注力

受日常事务性工作性质的影响，辅导

员获取信息的方式多是在各种新媒体平台上快速搜索、浏览，然后切换。这种信息获取的方式有些类似辅导员24小时"超长待机"的日常工作状态，全天候暴露在信息世界中，看似可以全面、广泛地抓取信息，利用无处不在的信息资源，但实际上，碎片化的信息不仅不够系统，还会将辅导员的工作时间和注意力也切割成碎片。久而久之，辅导员就会成为一个信息的收集人，专注力逐渐被消耗。这种信息超载带来的专注力短缺问题，使得信息专注力成为辅导员媒介素养提升中十分重要的方面。辅导员在某个领域深入学习，先学一步、学深一步，既有利于走近学生，与学生更有共同话题，还能更有效地指导学生开展美育活动。

举例说明，一位有语言学专业背景的辅导员，在日常工作对信息有较强的专注力有如下表现。首先，他所关注信息的领域相对集中，内容主要集中在各大媒体上的文字表达。他会关注文字中折射出的文化、历史、情感等，这使得他能对网络文化有更深层次的理解和解读。结合他个人爱好诗词的兴趣，他逐渐在网络文学研究领域形成了自己的特色。通过深度关注与深入钻研诗词文章的语言艺术，他擅长挖掘背后的中华优秀传统文化与价值观，深入浅出地为学生赏析古诗词的韵律之美、文字之美、意境之美、文化之美等，引导学生透过古诗词理解、关注、爱上中华优秀传统文化。其次，他在收集信息时会考虑几个问题，即这个信息为什么会成为学生关注的热点？学生们如何看待这个热点问题？我自己如何看待这个问题？当他对所收集的信息进行上述考虑后，才有可能进行深度挖掘，为学生提供更具明确导向的美育教育内容，同学生交流更系统、更具深度的美育信息。

2.辅导员应提升信息识别力

置身于互联网时代，高校美育教育想要达到较好的效果，辅导员必须要提高信息识别力，当好大学生的信息把关人。在复杂的网络生态中，多元化的信息环境对受众识别、分析、评判的能力提出了更高的要求，尤其是对价值观尚未完全定型的大学生。大学生对互联网有着近乎与生俱来的亲近和熟悉，他们会自发、主动地使用各类媒体平台，搜集感兴趣的信息。他们思想活跃，易于接受新鲜事物，是西方文化产品的活跃消费者。但他们往往对西方文化产品囫囵吞枣，对裹挟其中的西方意识形态的辨析不够，没有做到批判性接受，较容易被带入西方国家制造的网络狂欢，而丧失清醒的意识和冷静的头脑，甚至逐渐走向精神的空虚与堕落。要做好这个信息把关人，辅导员不仅需要有足够的知识储备，还应该与国家大政方针政策、主流价值观保持高度一致。只有这样，才能时刻保持对信息的敏感度，从纷繁复杂的信息海洋中捕捉隐藏其中的偏见和垃圾信息，为大学生的思维健康成长保驾护航。

3.辅导员应提升舆论引导力

从媒介信息影响力来看，高校辅导员被大学生视为能传递正能量的知心朋友。媒介通过自我展示功能让使用它的人展示出个人形象，而舆论影响力则通过这个建构起来的个人形象潜移默化地发生作用。例如，因为职业性质原因，高校辅导员几乎是积极、有爱、有亲和力的代名词，他们通过有意无意塑造的自身媒介形象来开展工作，能让学生感到一个充满正能量的温暖的知心朋友的形象。一种良好的、成功的媒介形象是无形的资本，辨识度高，公信力强，能帮助辅导员树立权威、整合

资源。良好的辅导员媒介形象具有感染力，能够将大政方针、思想观念等信息以学生喜闻乐见的方式传达给学生，既强化了学生的认同感，也巩固了学生对辅导员媒介形象的认同，无形中拉近了辅导员与学生之间的关系，间接达到了提升思政教育效果的目的。

但辅导员在媒介中作为积极贡献者来引导舆论的身份有待加强。辅导员借助媒介所做的事多集中在接收信息、梳理有用信息重新编辑、向学生发布、接收反馈、与有疑问的学生进行分享交流。因此，线上发现问题，线下讨论交流解决问题，是当前辅导员在媒介平台上发声的重要方式。结合当下的新媒体热潮，如何帮助辅导员在当好知心朋友的角色下成长为积极的贡献者和舆论的引导者，是辅导员媒介素养提升中的重要议题。

要提升辅导员的舆论引导力，可以从树立舆论引导意识和具备舆论引导能力两方面入手。第一，辅导员应当树立舆论引导意识。有些辅导员认为我们所处的世界是一个价值多元的世界，不需要刻意对学生进行引导。但是辅导员的职责要求之一是思想政治教育和价值引导，且作为高校宣传思想工作的重要力量之一，辅导员理应树立舆论引导意识，引导学生在纷繁复杂的信息世界去伪存真，在讨论中还原真相，在思考中保持清醒独立，引导学生以理性的态度参与舆论与社会变革，用正能量的思维去过滤信息，去发现符合社会主义核心价值观的正能量的美好的事物，

并做坚定的传播者。第二，辅导员应当具备一定的舆论引导能力。能否正确有效地引导舆论，取决于辅导员自身是否具备丰富的政治知识和较强的政治认知能力。这就要求辅导员在日常工作之余保持学习的状态，对国家方针政策等做到先学一步、学深一层，将国家大政方针政策的基本原则、精神实质、丰富内涵与实践要求学懂、弄通、做实。只有这样，才能在进行舆论引导时，时刻保持较高的政治站位，用正确的舆论引导学生。

除了关注辅导员自身能力以外，舆论引导力还可以从学生端下功夫。舆论引导的对象是大学生，但大学生在思想政治教育活动中并不是被动接受者。尤其在网络天地，大学生成长于互联网飞速发展的新时代，他们会根据自我发展需求自主地选择信息资源，并能结合自身经验对信息进行处理、加工、创造、传播。如果忽视了大学生群体的需求，而单方面从教育者的角度去发挥舆论影响力，网络思想政治教育的效果难以发挥到最佳。因此，应该关注与彰显大学生在媒介传播中的主体性，研究互联网中如何以学生的内在需求为核心，探索增强大学生网络思想政治教育效果的方法，加强与学生之间的平等对话与交流互动，引导他们能够自主、自觉、自动地发出自身力量，展示出主观能动性，激发他们接受教育的内在动力。具体来说，就是要以学生的需求为出发点和落脚点，深入关注和研究学生的内心需求和价值取向，借助网络不受时间、空间等现实因素制约的特点，对学生所关注的学业成长、情感需求、现实热点等问题进行有理论高度、有视域广度、有情感温度、有视频图片等媒介元素的回应与引导，学生在虚拟的媒介实践中感受到崇真、向善、求美的力量。

辅导员应不断丰富和完善人性化媒介传播形式。采取将"大道理融于微话题""大公益融于微实践"等"微传播"的形式渗透"微思政"与"微美育"目标。高校美育教育一个非常重要的内容就是提升大学生对社会主义核心价值观的认同感。但是当传统的传播形式和内容在面对当前00后大学生时，两者的话语体系之间有着较大的差异。要确保美育教育的效果落到实处，就必须对原有的媒介传播体系进行改变，使其适应当前大学生的语言、表达、思维习惯，以找到两者之间的共同意义空间。有针对性地设计一些健康向上，且形式上生动活泼的话题，将高深的大道理由近在身边的小事引出来并传播出去，从而提高传播的效果。

有效的传播总是少不了受众的共同参与。引导大学生践行社会主义核心价值观是美育实践的核心内容，用公益实践的方式践行立德树人是高校实施以美育人的重要目标之一。在具体实践中，辅导员可组织诸如"行动在脚下，美在我心中"——微公益实践活动，将公益、助人等抽象的、精神性的价值导向，化为具体可操作的身边的凡人善举，增强了美育实践的趣味性和可操作性。大学生更容易在亲身实践中感受到美为何物，理解到社会主义核心价值观是什么样的行为。在亲身体验过后，再通过媒介的"微传播"得到快速传播，带动越来越多的师生加入"微公益"，继而产生更广泛的"微传播"。如此良性循环，"微公益"就能聚集强大的"美育流量"，实现更有效的"美育力量"。

二、
提升大学生媒介素养

在"三全育人"背景下，通过培育媒介素养从而提升高校美育的效果，除了要培育辅导员的媒介素养，学生的媒介素养也起着十分重要的作用。在新时代，媒介环境经过不断解构与重组，成为引导并决定着人们生活与思想观念的重要因素。媒介中的信息资源就像自然界中的菌类一样，看似都是菌，但有的菌能吃，有的菌却有剧毒，必须要加以甄别才能为我们所用。大学生媒介素养教育，就是引导大学生以正确的心态和方式去应对媒介信息、批判性地利用，从而解决现实问题的教育过程。

（一）增强大学生对媒介信息的思辨能力，提升大学生审美自信

面对网络中蕴含的海量信息和网络平台的隐匿性传播中裹挟的网络诱惑，认知体系和价值观念尚未成熟的大学生往往缺少甄别能力，难以抵挡，渐渐迷失。丰富的信息需要理性地筛选与甄别，但大学生对于不良信息的甄别、反思与抵御能力较弱，需引起重视并展开专门的引导教育。目前，大学生普遍缺乏媒介批判意识，他们对媒介素养的理解还停留在最基本、最表面的认知层面，并未深刻理解提升媒介素养与提高审美能力和自身综合素养的强联系。这提示了，目前我国媒介素养教育渠道和形式单一且缺乏。

海量丰富的媒介环境往往使得大学生们形成"乱花渐欲迷人眼"的感知体验，加之其认知体系和价值观念尚不完全，极易迷失在媒介世界中，利用社交平台的隐

匿性传播未经辨别分析与考证的信息，面对网络诱惑难以抵御而逐渐堕落的现象屡见不鲜。种种现象都表明，大学生群体在使用媒介参与生活、学习、娱乐的同时，媒介素养有待加强。

开展网络思想政治教育是互联网时代高校辅导员的重要工作内容之一。如何引导青年学生正确使用媒介、合理利用媒介、善于从纷繁复杂的媒介世界中汲取"真善美"的滋养，自觉过滤掉"假恶丑"的影响，是新时代辅导员工作职责中的重要内容。

例如，学生们在每日接受的令人眼花缭乱的信息中，很容易被一些夺人眼球的标题所吸引，并不假思索地接受并转发，这就是缺乏信息甄别力的表现。如果能在转发之前问自己几个问题，如"这是真的吗？""标题和内容一致吗？""这条信息的来源可靠吗？""发这条消息的人的真实动机究竟是什么？""有没有什么渠道和方法能判断消息的真假？"尤其在波谲云诡的当今政治环境中，各国政治博弈已瞄准网络意识形态阵地的争取，部分披着美丽糖衣的思想"毒药"正借助互联网的强扩散性和强渗透性投向青年大学生，引发大学生对主流意识形态的思想偏差、震动，动摇其对社会、对国家的信心。引导学生养成批判、反思媒介信息的意识和能力，有助于增强大学生主动筛选信息、辨别信息、分析信息、净化媒介环境的能力，增强大学生抵御不良引导的定力，进一步提升审美自信。

因此，大学生媒介素养教育与提升大学生美育教育有着目标上的内在一致性，且是大学生美育教育的有益补充，可以通过媒介素养教育增强大学生的审美自信。

（二）增强大学生对媒介信息的管理能力，提升大学生审美创造力

大学生是最具竞争力的人才资源，在一定程度上是社会媒介传播的"发射器"。要更好地运用媒介，必须有一定的媒介理论知识和技能作为支撑。以微信公众号、微博、

微信（简称"三微平台"）的使用为例，大学生通过"三微平台"接收信息、创作信息、中转信息、发布信息。他们对媒介信息的处理能力、对媒介平台的管理水平、对创作信息方向的把握程度均体现了媒介素养的高低。

引导大学生提高媒介信息管理能力，进而提升审美创造力，可从如下几个方面进行。

一是弄清楚"何为美"。以大学生管理运营自媒体平台为例。自媒体平台上发布的信息类别、质量和品位无一不反映出平台运营管理者的思想深度和品位层次，而能创作出什么样的信息，取决于创作者如何理解美。在这方面，辅导员应该扮演资源组织者、分享者、把关者的角色。辅导员可借助新媒体平台为学生推送、分享优质的媒介信息资源，例如"学习强国"等优质APP，"新华网""人民网"等权威网站。首先减少学生在无用甚至不良媒介上浪费时间精力、消磨意志；其次这些优质新媒体平台上的信息能对学生进行思想指引。长期浸润在优质、积极、高品位的信息流中，对正处在价值观、人生观、世界观逐步形成阶段的大学生来说，是一种易于接受且有效的教育引导方式。有利于他们树立正确的媒介价值观，知道什么类型的信息是美的、高雅的、优质的，知道积极的媒介平台运营理念应该如何树立，这有助于帮助大学生开阔眼界、丰富自身对媒介的认识理解的同时，为日后正确使用媒介、运营媒介平台奠定坚实的基础。

二是弄清楚信息受众需要什么样的美，从而进行有针对性的创作。互联网时代，大学生群体既是信息的接收者又是信息的创造者、发布者和传播者。辅导员首先需要深入理解大学生群体在媒介领域的多重身份，只有这样，才能更有效地实施引导。辅导员应当引导学生牢固树立受众意识，即媒介信息创作要时刻以信息接收对象为核心考虑因素，不能罔顾受众的特点、兴趣、接受能力而自顾自地"生产"信息，那样创造出的信息将属于无效信息。大学生自媒体平台的受众绝大多数都是学生群体，而大学生群体是高校辅导员的工作对象，辅导员对把握他们的日常行为习惯、生活规律、性格特点、兴趣爱好、价值关注等有着独特的优势，这一优势可以很好地应用于指导大学生自媒体平台运营管理中。首先，辅导员要组织、指导学生开展广泛调查，收集、整理、分析当代大学生群体的需求，包括日常生活、学习发展、学生工作、求职创业、心理健康等方面的需求，对收集到的数据进行整理、分析，形成大学生群体媒介信息需求调研报告，并组织专场学习会，面向学生群体对报告进行解读，以期使大学生更深入全面地理解信息受众的特点，以便提升信息传播的有效性。在对信息传播对象进行较全面深入的了解之后，辅导员要引导学生以社会主义核心价值观为价值导向和底色，结合青年学生的特点，找到主流价值观与青年学生喜好之间的平衡点与结合点，依托专业特长，进行媒介平台的运营管理和作品创作，使创作出的新媒体作品"叫好又叫座"，"有美感又不失吸引力"。

在具体实践层面，辅导员可以组织开展如下活动。例如，在全校范围内发起"我为网络正能量代言"最美自媒体平台评比活动。对学生在自运营管理的新媒体平台，如微博、微信公众号、抖音、小红书、快手等平台中所传播的内容的质量、效果、效率等方面进行综合评比，将那些既彰显了新时代青年的责任、担当、使命与作为等正能量，又抓住了青年大学生关注的热点、焦点、痛点、迷茫点等成长关键点，既响应了国家、社会、家庭、学校的号召，又回应了青年学生的关切与关心的新媒体平台选拔出来。对这些新媒体平台及其运营者予以表彰，并对优秀新媒体作品进行集中展示。一方面在大学生群体中扩大影响力，提升这些新媒体平台的关注度；另一方面在广大学生中打标树样，让他们知道一个称得上"优秀"的新媒体平台是什么样子，一个称得上"美"的新媒体作品是什么标准，从而更加明晰今后努力的方向。在评选环节，除了邀请新媒体运营管理方面的专家、辅导员以外，还应该将学生代表纳入其中，从专业性、价值导向性、学生接纳程度与受欢迎程度多个维度进行考察评比，真正挑选出有典型价值、有活跃度的新媒体平台和作品。

在内容层面，要善于结合当下热点，在热点问题中找到与思政教育的契合点。以几个例子来辅助说明。例如，2020年五四青年节前后，哔哩哔哩网站联合中央电视台发布《后浪》青年宣言片，献给新一代的青年们，在广大青年群体中掀起热烈反响。"那些抱怨一代不如一代的人，应该看着你们，像我一样，我看着你们，满怀感激；因为一个国家最好看的风景，就是这个国家的年轻人。"一句句贴近青年心声的话语在为那个所谓"垮掉的一代"正名，拉近了与他们的距离，走进了他们的内心。"因为你们，这世上的小说、音乐、电影所表现的青春，就不再是忧伤迷茫，而是善良、勇敢、无私、无所畏惧。是心里有火，眼里有光。"不吝夸赞的背后隐藏的是"前浪"们用心良苦的希望与期待。这样的新媒体作品所蕴含的对青年人的教育意义如此深刻，又因其创新了传播载体，顺理成章地受到青年人的喜欢，传播效果自然不在话下。又如，适逢母校成立70周年校庆之际，学生自发组织采访，对为学校发展建设做出突出贡献的退休老教师、行政教辅人员，见证了学校改革发展变迁的骨干教师、各行各业的校友，当前还在校学习的学生，以及为师生提供后勤保障的工作人员等进行了访谈，并剪辑制作"我心中的70年"校庆专题人物访谈。通过官方媒体平台、学院二级新媒体平台等新媒体平台上推送，让全校师生深入了解学校的校园风光美、教师师德美、学校历史美，在全校范围内营造一种爱校荣校的氛围，强化一种兴校强校的使命担当。

三、
注重校园媒介文化建设

在"三全育人"理念指导下，要想将媒介之于大学生的美育教育的促进作用最大化，还应当注重校园媒介文化建设，尤其是职能部门的媒介文化建设。

高校职能部门的官方媒体平台兼具信息的传播者和媒介素养教育的实施者双重身份。当代的媒介环境使大学生时时刻刻都处在媒介的包围中，大学生在学习、生活、工作各方面，越来越明显地受到校园各类媒介的影响，其作用在一定程度上与课堂教学比肩。不良的媒介信息成为大学生媒介素养提升的绊脚石，也因此影响了高校以美育人的进程与效果。因此，在为大学生打造清朗、优质、积极、健康的媒介环境，助力美育教育的有效实施上，职能部门肩负着当仁不让的责任和使命。

职能部门是连接学校与社会的纽带，既是大学生思想政治教育的服务者又是指导者，职能部门若能营造良好的校园媒介文化，能为大学生媒介素养教育树立正确的导向，从而对大学生美育教育起到助力作用。一方面，职能部门可以通过校园论坛、学校官微、官博、官方抖音号等新媒体平台，以信息推送或者实时互动交流等形式，用多元的渠道，弘扬马克思主义思想、科学的媒介理论、学校的人文历史、校园文化等，做好宣传思想工作，强化教育成效；另一方面，职能部门还应当加强对校园各类新媒体平台的监督与管理。对于不文明的网络言行，及时查处与规范，净化网络环境，从而净化校园文化环境，使大学生在阳光健康、积极向上的校园媒介环境中感受到正确价值观的引领，进而达到以美育人的目标。

参考文献

[1] 宋修见. 马克思主义美育观与中华传统美育的会通[J]. 美术研究, 2019（4）: 24-28.

[2] 黄俊兴, 林美貌. 马克思主义美育观与新时代学校美育建设[J]. 中共福建省委党校（福建行政学院）学报, 2021（4）: 22-29.

[3] 吴为山. 大美为民初心永在——写在延安文艺座谈会召开80周年之际[N]. 中国艺术报, 2022-5-23.

[4] 赵婀娜. 美育是一种刚需[N]. 课堂内外（高中版）, 2021-6-5.

[5] 中共中央, 国务院. 关于加强和改进新形势下高校思想政治工作的意见[EB/OL]. (2017-2-27). http://www.gov.cn/xinwen/2017-02/27/content_5182502.htm.

[6] 国务院. 关于全面加强和改进学校美育工作的意见[EB/OL].（2015-9-28）. http://www.gov.cn/xinwen/2015-09/28/content_2939833.htm.

[7] 教育部. 关于切实加强新时代高等学校美育工作的意见[EB/OL].（2019-4-12）.http://www.gov.cn/xinwen/2019-04/12/content_5381880.htm.

[8] 中共中央办公厅, 国务院. 关于全面加强和改进新时代学校美育工作的意见[EB/OL]. 2020-10-15. http://www.gov.cn/zhengce/2020/10/15/content_5551609.htm.

[9] 教育部. 普通高等学校辅导员队伍建设规定[EB/OL].（2017-10-5）. http://www.gov.cn/xinwen/2017-10/05/content_5229685.htm.

[10] 李花, 徐进. 论美育对大学生思想政治教育的作用[J]. 江苏高教, 2019（4）: 109-112.

[11] 钟焦平. 学校美育是培根铸魂的重要工作[N]. 中国教育报, 2019-4-20.

[12] 朱志荣. 美育对促进人的全面发展的价值[N]. 光明日报, 2018-12-3.

[13] 刘纲纪, 曾繁仁, 董学文, 等. 美育如何为人民美好生活赋能[N]. 光明日报, 2019-8-21.

[14] 范迪安. 繁荣中国美术, 满足人民审美新期待[N]. 中国青年报, 2020-10-20.

[15] 李霞. 加强高校学生干部队伍培养策略研究[J]. 中国成人教育, 2014 (21): 38-40.

[16] 张排房. 职业院校学生骨干示范队伍培养研究[J]. 教育与职业, 2019 (1): 55-58.

[17] 胡卓群. 中华美育精神及其对高校思想政治教育之价值刍议[J]. 开封文化艺术职业学院学报, 2020 (12): 172-174.

[18] 高洪. 新时代弘扬中华美育精神[J]. 美术研究, 2019 (4): 8-9.

[19] 方瑞, 闵永新. 新时代高校传承中华美育精神的多维审视[J]. 广西社会科学, 2021 (7): 183-188.

[20] 刘彤. 中华优秀传统文化融入高校人才培养对策研究[D]. 西安: 西安理工大学, 2021.

[21] 侯思言. 文化自信视域下中华优秀传统文化传承发展研究[D]. 西安: 西北大学, 2021.

[22] 韦建桦. 马克思恩格斯文集: 资本论 (第一卷) [M]. 北京: 人民出版社, 2009.

[23] 刘旭婷, 杨永久, 李明. 利用社会实践提升高校美育工作的探讨[J]. 湖北函授大学学报, 2018 (15): 50-51.

[24] 张天浩. 十九大以来关于乡村文化振兴的研究综述[J]. 山东农业大学学报 (社会科学版), 2021 (4): 84-92.

[25] 廖星臣. 乡村振兴重在关键要素的本土化[EB/OL]. (2018-10-16). https://weibo.com/3045838890/GE9588WQR.

[26] 郭炎华. 翻转课堂在我国乡村学校的本土化改进研究[D]. 天津: 天津师范大学, 2020.

[27] 李明, 陈其胜, 张军. "四位一体"乡村文化振兴的路径建构[J]. 湖南社会科学, 2019 (6): 147-156.

[28] 中共中央, 国务院. 乡村振兴战略规划 (2018—2022) [N]. 人民日报, 2018-9-27.

[29] 郭晓鸣. 乡村传统文化传承保护的现状与对策[J]. 四川党的建

设，2019（21）：34-35.

[30] 温铁军. 首届文化振兴乡村峰会举行专家呼吁发掘乡土文化 [EB/OL]. (2019-4-10). https://www.sohu.com/a/306978382_114988.

[31] 王应宽. 如何推进人才振兴为乡村振兴提供支撑 [J]. 科技导报，2021（39）：36-47.

[32] 中共中央办公厅，国务院办公厅. 关于加快推进乡村人才振兴的意见 [EB/OL].（2021-2-23）. http://www.gov.cn/xinwen/2021-02/23/content_5588496.htm.

[33] 王方玉. 乡村人才振兴路径探究——以山东省枣庄市为例 [J]. 山西农经，2021（23）：112-113.

[34] 梁漱溟. 乡村建设理论 [M]. 上海：上海人民出版社，2011.

[35] 程良宏，李蓉荣，孟凡丽. 以中华文化认同教育推进乡村建设——兼论梁漱溟在乡村推行文化认同教育的历史进路与当代价值 [J]. 湖南师范大学教育科学学报，2020（19）：84-91.

[36] 张贺. 加强文化建设促进乡村振兴 [EB/OL].（2021-10-14）. https://m.gmw.cn/baijia/2021-10/04/35210449.html.

[37] 罗湘. "三美教育" 引领提升教师审美素养的途径探究 [J]. 教育科学论坛，2018（17）：71-73.

[38] 何齐宗. 教师的审美素养及其本体价值分析 [J]. 高等教育研究，2006（6）：73-77.

[39] 骆冬青. 美学——哲学的最高形态 [J]. 南京师大学报（社会科学版），2005（1）：101-106.

[40] 黄颖. 论高校教师的美学素养 [J]. 江苏高教，2012（3）：91-92.

[41] 黑格尔. 美学 [M]. 北京：商务印书馆，1979.

[42] 瞿葆奎. 教育学文集：教育与人的发展 [M]. 北京：人民教育出版社，1989.

[43] 王久才. 新媒体时代大学生美育教育及高校辅导员美育策略 [J]. 艺术教育，2015（4）：46，69.

[44] 周均平. 论提高语文教师审美素养的意义和途径 [J]. 山东师范大学学报（人文社会科学版），2009（6）：110-115.

[45] 康建平. 浅谈政治教师审美素养的提升 [J]. 科教文汇（中旬刊），2008（10）：165.

[46] 秦玉国. 美育视野下的高校辅导员角色示范研究 [M]. 成都：西南交通大学，2017.

[47] 王晓旭.美学原理[M].上海：上海人民出版社，2000.

[48] 金昕.当代高校美育新探[M].北京：商务印书馆，2013.

[49] 彭士宁，储召杰，刘成帅.马克思主义需要理论视角下加强高校美育工作的路径探析[J].艺术教育，2020（11）：185-188.

[50] 陶有祥.马克思主义需要理论指导下的思想政治教育工作[D].兰州：兰州大学，2009.

[51] 郑云彩.基于新时代大学生需求的思想政治教育研究[D].喀什：喀什大学，2020.

[52] 麻建帅.大学生美育现状调查研究[D].兰州：兰州交通大学，2021.

[53] 刘珊.新时代高校美育的目标指向与路径选择[J].湖南科技大学学报（社会科学版），2020（5）：159-165.

[54] 杨杰.论美育在理工科教育中的内在动力机制[J].广西社会科学，2006（6）：184-187.

[55] 张倩.新时代高校思政工作有高度还要有温度[J].智库时代，2018（34）：262，267.

[56] 宋华兴.高校"以生为本"教育管理实践的哲学逻辑与现实路径研究[D].重庆：重庆师范大学，2019.

[57] 于美琪.三种情绪调节策略的效果和资源消耗的比较[D].南昌：江西中医药大学，2019.

[58] 张新越.职业情商[M].北京：红旗出版社，2013.

[59] 左岸.情商管理课：优秀的人如何掌控情绪[M].北京：中国华侨出版社，2017.

[60] 孙宗胜，慕向斌.媒介素养教育：大众传媒时代审美教育的关掖[J].新闻界，2006（5）：70-71.

[61] 祁林.从媒介教育看美育[J].文艺争鸣，2022（3）：123-129.

[62] 闫欢.新媒体视阈中的大学美育与媒介素养教育研究[J].现代传播（中国传媒大学学报），2008（2）：137-138.

[63] 中共中央，国务院.关于加强和改进新形势下高校思想政治工作的意见[EB/OL].(2017-2-27). http://www.gov.cn/xinwen/2017-02/27/content_5182502.htm.

[64] 熊晓梅.坚持立德树人实现"三全育人"[N].光明日报，2019-2-14.

[65] 张文丽.网络思想政治教育视角下的网络谣言治理研究[D].太原：山西财经大学，2019.

[66] 朱鹤. 网络环境下高校思想政治教育传播的有效性研究[D]. 沈阳: 沈阳师范大学, 2019.

[67] 唐登蕓. 网络思想政治教育内化问题研究[D]. 成都: 电子科技大学, 2018.

[68] 付林豪. 网络文化背景下大学生思想政治教育有效性研究[D]. 西安: 西安理工大学, 2021.

[69] 邹琴. 高校辅导员媒介素养的提升策略[J]. 当代青年研究, 2015 (6): 64-69.

[70] 任昊, 傅秋野. 高校网络思想政治教育创新研究[J]. 现代教育管理, 2022 (2): 9-16.

[71] 陈央. 融媒体时代大学生媒介素养与高校思政网络文化建设[J]. 中国广播电视学刊, 2020 (4): 77-81.

[72] 张伊玮. 移动新媒体视域下大学生媒介素养培育研究[D]. 合肥: 安徽农业大学, 2017.

[73] 蔡幼婷. 新媒体时代大学生媒介素养及培育研究[D]. 宁波: 宁波大学, 2020.

[74] 陈媛. 美育融入网络思想政治教育的意义向度和实践进路[J]. 江苏高教, 2021 (5): 99-102.

[75] 冯婷. "互联网+"时代的高校美育实践研究[J]. 学术探索, 2018 (9): 152-156.

[76] 王宇. "5G新媒体"时代下高校美育改革路径分析[J]. 美术教育研究, 2022 (2): 148-149.

[77] 叶朗, 顾春芳. "互联网教育"时代的美育观念及媒介形式探索[J]. 中国文化研究, 2021 (2): 2-11.

[78] 舒蕾. 大学生生涯发展概论[M]. 北京: 水利水电出版社, 2021.

[79] 曾繁仁. 关于美育与文化传承创新的思考[J]. 河南教育学院学报 (哲学社会科学版), 2013 (1): 81-93.